THE ESSENTIAL BOOK OF SU DOKU

To generate unique Su Doku puzzles for this book, Pete Sinden developed a dedicated computer program based on techniques from intelligent systems, game theory and logic programming. Any reader wishing to learn more about his **SudokuMania** puzzle generator, or find more puzzles, should visit his website at **www.sudokumania.com**.

Pete Sinden is an internationally accredited expert in artificial intelligence. He holds degrees from Oxford University, the University of Georgia and University College London. He set up and ran his own successful technology business, resulting in his computer models being adopted as standard in a hundred American universities. Having sold his company he returned to the UK and worked in a senior position with a leading British charity, where he was instrumental in creating businesses to give opportunities to disadvantaged individuals. Pete now lives in London where he works with academics to harness his technological and business skills to bring new inventions to market.

THE ESSENTIAL BOOK OF SU DOKU

4				3				8
			6		7			
5		2				3		4
	1			2			3	
2			9		8			5
	8			5			4	
6		9				2		7
			5		9			
3				1				6

PETE SINDEN

ATRIA BOOKS

New York London Toronto Sydney

ATRIA BOOKS
1230 Avenue of the Americas
New York, NY 10020

Compilation copyright © 2005 by Michael O'Mara Books Limited
Puzzles and solutions copyright © 2005 by Peter Sinden

Published by arrangement with Michael O'Mara Books Limited

Originally published in Great Britain in 2005
by Michael O'Mara Books Limited

ISBN-13: 978-0-7432-8934-4
ISBN-10:   0-7432-8934-X

7 9 10 8

First Atria Books trade paperback edition August 2005

ATRIA BOOKS is a trademark of Simon & Schuster, Inc.

Manufactured in the United States of America

For information about special discounts for bulk purchases,
please contact Simon & Schuster Special Sales:
1-800-456-6798 or business@simonandschuster.com.

INTRODUCTION

What is Su Doku? And why are we hearing about it, and seeing it everywhere, in newspapers and magazines and, now, books?

Put simply, Su Doku (or "Sudoku," or "Su-doku") is a number-placement puzzle based on a square grid, typically 9 squares by 9, giving 81 squares in all. The puzzle is further divided (by bold gridlines) into 9 boxes or "regions," each a square measuring 3 squares by 3. Figures from 1 to 9 (known as "givens") are already inserted in some of the squares; to complete the puzzle, a player must insert the missing numbers so that each row, each column, and each region contains the numbers 1 to 9 once and once only, without any repeats. The level of difficulty depends upon the number of givens in any puzzle, and the ease with which a player can compute the missing numbers by the use of logic.

Far from being Japanese in origin, and despite its name, Su Doku is thought to have been invented by the great Swiss mathematician Leonhard Euler (1707–83). During the 1980s, however, the game became something of a craze in Japan, and it is from there that it gets its Japanese title, apparently from *su*, "number," and *doku*, "single"; in the United States it was published for many years under the title *Number Place*. In Britain late in 2004, the first puzzle appeared in *The Times* newspaper, and the game is now gaining a worldwide following.

Solving Su Doku puzzles demands no mathematical skills, nor does it need an aptitude for crosswords or chess problems. Instead, it requires an ability to think logically (a skill which the game will help to develop as a player progresses), a good deal of patience, and a certain steely determination. As readers of this book will find, though, it is also utterly engrossing.

Puzzle 1

		1		7	8		5	
7	8	2			9	4		
5			1					
		8	7				6	
3		7	8		1	2		4
	1				3	5		
					2			5
		5	6			9	4	2
	4		3	8		6		

LEVEL 1

Puzzle 2

7				2		8		5
		8		6			3	9
4		9						
1		3	2					
8		2	3	9	1	5		4
					5	3		1
						1		8
3	8			1		4		
9		6		7				3

Level 1

Puzzle 3

		1		5		7	6	8
9	6				7			
7	5			6		4		
3		6	9					
		9	1		5	8		
					8	2		4
		4		9			1	5
			5				8	2
6	9	5		1		3		

Level 1

Puzzle 4

	4						6	
		6		9		2		
1			7	8	6			4
6			5		9			8
	5	8		7		9	3	
9			3		8			7
8			9	3	7			5
		7		5		3		
	1						4	

Level 1

Puzzle 5

6		2	3			8		7
		3			1	9	5	
1	7	9						4
		8					7	9
			8		7			
7	1					6		
3						7	9	2
	8	1	6			3		
4		7			5	1		8

Level 1

Puzzle 6

			7			5		1
				6	5	9	7	
		7			9	4		2
9		5				7	1	
	6	2		4		3	8	
	7	8				2		9
4		3	5			1		
	5	9	1	7				
7		1			2			

Level 1

Puzzle 7

1	4	5						3
		9	2		7			1
3					1	6		8
	3		9				7	
9	1						8	2
	5				8		6	
5		3	8					6
2			7		6	8		
4						2	1	7

Level 1

Puzzle 8

			1		3	5		
7	2			6				3
8	3				9		2	
6					8		9	2
	8	7				6	3	
3	9		4					5
	7		5				6	8
9				3			7	1
		6	2		7			

Level 1

Puzzle 9

9			8		2			
	6	1			9	2		
			5		4	7	6	9
		6			5			
	9	8	6		3	1	2	
			1			3		
8	5	3	4		1			
		4	2			9	5	
			7		6			8

Level 1

Puzzle 10

		4				3		5
		6	5	7			1	
5				4		2	8	7
6		9		3				
	8		7		5		9	
				2		1		6
2	9	8		5				1
	6			1	2	7		
7		3				5		

Level 1

Puzzle 11

5			7	1				
		6		2		7	8	
			4	8		2	9	
8		7		9		5	1	
	5	9				4	7	
	3	4		7		8		9
	2	1		5	7			
	4	8		6		9		
				4	3			6

Level 1

Puzzle 12

			8		6	1		5
6		2						9
	5	9			1		6	3
	6	1			5			
3			6		7			2
			4			5	1	
7	3		1			6	5	
1						7		4
5		6	7		8			

Level 1

Puzzle 13

4		8	2	5				
	6					1		2
2	7	9	6			5	3	
	2	3						5
		7	5		2	4		
5						7	2	
	5	1			6	3	7	8
6		4					5	
				8	5	6		9

Level 1

Puzzle 14

7		5		6				2
4	6		5	8		3		
	3	8					4	
	7			2				
3			7		1			9
				3			5	
	4					7	1	
		1		7	9		3	5
5				1		6		4

Level 1

Puzzle 15

	7		6	2		8		
	5		1					
	3					6		2
		9	8	4	2	1	3	7
3								6
1	2	7	3	5	6	4		
2		5					6	
					1		7	
		6		9	4		1	

Level 1

Puzzle 16

4	3	2			9			
	6	8	7				9	
		5	3	1				4
5		7				4		1
6			8		1			2
8		3				9		6
7				9	3	2		
	4				2	5	7	
			6			1	4	3

Level 1

Puzzle 17

8			4	3	2	1	7	
2		1						8
6		7	5	1				
1			3					
	8		2		5		6	
					6			4
				5	4	3		2
3						6		9
	1	5	6	2	3			7

Level 1

Puzzle 18

	1		5		6		4	
		2				3		
6		4	3		8	2		5
7			6	3	5			4
			8		2			
8			1	7	4			9
2		1	4		3	5		6
		3				1		
	5		7		1		3	

Level 1

Puzzle 19

8				1	7		6	
4		7		6	5			
9		5		8		3	1	
3			2					1
	7						4	
5					4			8
	8	6		7		5		4
			5	4		2		6
	5		6	2				9

Level 1

Puzzle 20

2		6	9	4				
	4	1				6	7	9
5			3				8	
			6			8		5
8	6						3	1
7		2			8			
	2				6			4
4	9	5				2	6	
				2	5	1		7

Level 1

Puzzle 21

6	9	5				4	8	1
				9				
4								3
2			9	1	5			4
	4		7	2	6		9	
1			3	4	8			2
3								5
				6				
9	8	2				6	4	7

Level 1

Puzzle 22

4	9	8		5		2		6
	3	5			6		9	
6				3			1	
	4	9	1					
			5		7			
					2	9	6	
	5			7				4
	6		3			7	5	
9		7		4		1	2	3

Level 1

Puzzle 23

			7	9			8	
	2			1	4			9
6			2	8		1	4	
3		8				5		
2		1				4		7
		7				8		1
	8	6		3	7			4
1			9	4			5	
	9			2	5			

Level 1

Puzzle 24

	2				9	1	4	6
9		6	8					2
	5		6			9		
			4	9		7		
		5	7	6	8	4		
		3		2	1			
		8			4		9	
7					5	2		4
2	4	1	9				3	

Level 1

Puzzle 25

1				3				
		3	6	8		9	4	
		6	9		7		1	3
			1	7	5		2	
5								7
	2		8	4	6			
2	4		7		9	8		
	6	9		5	2	1		
				1				6

Level 1

Puzzle 26

8		7	4		5	1		9
	2	3				6	7	
	9						8	
	8			6			4	
			2	7	4			
	1			9			5	
	5						2	
	4	9				7	1	
1		6	8		2	3		5

Level 1

Puzzle 27

7		4	6	1	2			
	2				3			
5				9	7		6	
		6	7	2		5	1	
		2				6		
	1	5		4	6	7		
	3		8	6				9
			1				7	
			2	7	5	8		1

Level 1

Puzzle 28

	9			8			1	
	6			2			4	
1								5
9	5		7	3	4		6	1
6	7		8		2		3	4
3	4		5	1	6		2	9
4								3
	2			6			5	
	8			4			9	

Level 1

Puzzle 29

3	5		2					
		9			5			
	6	1	8					4
		3		8		2	9	7
4		2	1		7	3		8
5	8	7		3		6		
2					8	9	3	
			3			7		
					9		8	6

Level 1

Puzzle 30

	1		4		8		7	
		7		2		5		
8			6	5	7			4
		8	3		6	7		
	9	6				1	8	
		5	9		2	3		
9			2	4	3			7
		4		6		9		
	8		7		5		6	

Level 1

Puzzle 31

				8	2	4		
9		4					5	7
	1		7			8		6
4				2	3		9	
	3	6	1		7	5	2	
	2		8	5				3
1		8			6		4	
5	4					6		1
		7	4	1				

Level 1

Puzzle 32

5		6	1		3			8
7							5	9
9		8			5	3	6	2
		5	6				2	4
8	6				2	5		
6	5	7	9			2		1
3	8							5
2			5		8	4		7

Level 1

Puzzle 33

					5	7	1	
8	4		1					
2		1			9	5		
	9	7	6			3	8	5
		8				6		
6	5	3			4	1	9	
		4	3			8		7
					8		5	1
	8	6	5					

Level 1

Puzzle 34

	1		7	8	9	5		
4	8	7		6	3	2		
			2					
7			6					
6	5	4	3		8	9	7	2
				2				6
			9					
		6	2	3		1	4	7
		3	1	4	6		2	

Level 1

Puzzle 35

2				7		3		1
			9	5				4
		6	3	8	2		5	
	2	8						5
	4	3				8	1	
6						9	2	
	6		8	3	7	4		
3				2	5			
7		2		9				6

Level 1

Puzzle 36

2		6		3	5	8	7	
	8						4	
	4	7				2		5
	5	3	2	4			9	
	2						6	
	6			9	3	4	1	
6		4				3	5	
	9						2	
	3	2	7	6		9		4

Level 1

Puzzle 37

			1	9				
5	1	7			4	6	8	
			7	6		5		1
7		9			2			6
	5	1				4	7	
2			5			3		8
3		8		1	7			
	7	6	8			2	1	4
				4	6			

Level 1

Puzzle 38

7	2	5						6
9	3	6			4	8		
				6	7	2		5
			1		2	7		
8		1				5		2
		2	9		5			
3		9	7	5				
		7	2			9	1	3
2						4	5	7

Level 1

Puzzle 39

	6						5	
7			6	3	5			4
	5	9		4		1	2	
	1	3		6		2	9	
6			7		9			8
	7						4	
	3	7	4		6	8	1	
			2	7	8	3		
2								9

Level 1

Puzzle 40

8					3	5		
	6	7			8		4	
	5		6	7		8		9
5			8		6	9	2	
9								3
	3	2	9		4			8
2		6		5	1		9	
	9		3			2	6	
		3	2					5

Level 1

Puzzle 41

		3	9		8	4	6	
				6				
6		1			5	3	8	
		9	2					4
	8			3			5	
5						4	6	
	2	5	7			1		9
				4				
	1	7	5		3	2		

LEVEL 2

Puzzle 42

			9	5			1
	5		2	1	7	8	6	
	1	7				4		
2		9		6				
	3						1	
				4		2		6
		8				5	9	
	7	5	1	2	9		8	
6			5	7				

Level 2

Puzzle 43

	4	7				3		
8		6		7	4			
			2		3	8	4	
	7					4		3
9			4		8			2
4		3					9	
	2	8	6		1			
			8	2		7		9
		9				2	1	

Level 2

Puzzle 44

5	6			8				3
2				3				
		7	1	6	9	4	5	
			3				1	
9		3				2		5
	1				8			
	9	5	4	2	7	8		
				1				9
3				9			2	1

Level 2

Puzzle 45

6	8	3	7					
1								
4		5	3		2		1	7
	7		9			2	4	
			6		4			
	5	4			1		3	
2	4		8		5	1		3
								2
					3	4	5	9

Level 2

Puzzle 46

1		5			2		3	
6	3		7					4
2			6					
	7		5	9		6	8	1
9	6	3		8	4		2	
					1			2
3					9		1	5
	1		8			9		3

Level 2

Puzzle 47

7		2	1					9
				4	9			5
4	9	3	2					1
	8	4	9			5		
		1			3	4	8	
8					4	6	3	2
6			7	3				
2					6	9		4

Level 2

Puzzle 48

7					6	1	3	
		6	3	7	5	8		
		5		8			6	
				9		7		6
		1		4		2		
2		8		3				
	6			1		5		
		4	9	5	2	6		
	1	2	7					8

Level 2

Puzzle 49

	6		4		9		2	
4		9		8		3		1
5		1		3		7		9
		3	8	7	5	1		
8		4		2		5		6
1		2		5		6		7
	8		2		6		1	

Level 2

Puzzle 50

	5						3	
		3	8	7	6	5		
4				9				7
	8		3		9		1	
	9	1		8		3	6	
	6		7		4		9	
5				3				2
		2	9	4	8	6		
	3						7	

Level 2

Puzzle 51

	8	1	9		7	2	6	
4			5		6			3
5								9
1	4						5	6
				3				
7	9						8	1
2								8
9			4		2			7
	3	6	7		1	9	2	

Level 2

Puzzle 52

	8	5	4	6	9	1	3	
4	7						8	9
			2					
			3					
9		2	1		6	5		4
			4					
			7					
6	5						4	8
	1	9	8	5	4	3	6	

Level 2

Puzzle 53

4			1					
		8	3	6				5
			4		8	9	6	
			6		3		9	7
		6		4		3		
9	1		8		2			
	3	1	2		4			
8				3	6	7		
					9			8

Level 2

Puzzle 54

	9		1		3			
				9	2	4		
		7				6	9	
				4		5	3	
7	8	4		5		9	6	2
	1	3		2				
	5	6				7		
		9	2	3				
			9		6		8	

Level 2

Puzzle 55

	7	5	6	2		3		
				9			2	
1	4				7			
		6	3				5	1
	2	9				8	7	
7	1				8	4		
			5				4	2
	9			4				
		4		8	2	7	1	

Level 2

Puzzle 56

			1		7			2
		8						
		4			8	3	9	
8	5		7		6	1		
9	2		5		3		4	7
		6	2		1		5	3
	9	7	3			5		
						9		
6			9		4			

Level 2

Puzzle 57

	8	5				4		
4					9			
9			7		6	3	8	
2	6		4	1			5	
1								8
	7			2	5		4	1
	4	6	5		3			2
			1					4
		1				9	7	

Level 2

Puzzle 58

3			2					7
	2		7		3		8	
4		1				2		5
	8		6		7		4	
9								1
	1		3		2		6	
1		2				8		6
	6		1		9		5	
5				6				9

Level 2

Puzzle 59

8	7						9	4
			7	5	4			
		2		1		3		
3				8				2
	9	5	2		7	6	8	
7				4				3
		4		9		1		
			4	6	3			
2	8						3	6

Level 2

Puzzle 60

	9	1	2		6	7	3	
		4				9		
6								1
4	3		1		2		7	8
9	1		6		8		2	4
3								6
		9				4		
	7	2	9		4	5	8	

Level 2

Puzzle 61

6				9		4		2
					1	5		7
2		4		6			8	3
			8			6	4	
		8				7		
	4	9			5			
4	3			8		2		6
8		2	4					
7		6		3				4

Level 2

Puzzle 62

	1		8		3		9	
9				4				3
	8			1			5	
	2			6			3	
	5	7	2		8	9	1	
	4			9			7	
	3			7			6	
8				5				9
	9		3		1		2	

Level 2

Puzzle 63

2	3	4		9	5	8		7
		5			2			
		1						
	4	3			1		9	2
			2		4			
6	2		5			4	7	
						7		
			4			5		
9		6	8	5		2	4	3

Level 2

Puzzle 64

	7			6	3			
9	8		5		7			
2						6	7	1
	6		1	3				
			7	8	2			
				4	9		3	
8	5	1						3
			9		1		4	7
			3	2			1	

Level 2

Puzzle 65

2					3	9		
		6	1	8				5
		5					1	3
				1	4	7		2
	6			7			8	
8		4	2	9				
3	5					1		
4				6	1	5		
		9	5					4

Level 2

Puzzle 66

	2		9					
								4
1		5	8	4				2
7					9	2		
5	4	9	1	2	7	3	8	6
		2	6					1
2				6	5	4		8
6								
					3		7	

Level 2

Puzzle 67

		1	6	4	8			
7							3	
6	2					5	8	
		7	5	1	6	2		
		2				4		
		6	7	2	4	1		
	8	4					6	9
	7							5
			8	7	9	3		

Level 2

Puzzle 68

4	8			2				
					8	1		
2		1			3	4	6	8
			6	4	1			5
	4						1	
1			3	8	2			
8	3	9	7			2		6
		2	8					
				5			7	3

Level 2

Puzzle 69

	1						3	
			8		9		7	6
		7		5	3		4	1
9		3		4		2		8
8		1		6		7		3
2	9		1	3		4		
1	5		9		6			
	7						6	

Level 2

Puzzle 70

					1			
					4	9		2
6	3	7			5		8	1
4				1			9	
1	8		6		3		5	7
	2			9				3
2	9		4			8	6	5
5		4	1					
			2					

Level 2

Puzzle 71

	9						8	
				3				
3		8	7	5	6	9		2
5				4				7
	7	1	8		9	2	3	
6				1				8
9		6	3	8	5	1		4
				9				
	4						2	

Level 2

Puzzle 72

	3	2				7	8	
4	6		5		2		1	3
2		5	9		8	6		1
1		3	7		6	4		9
6	2		4		5		9	8
	5	9				3	2	

Level 2

Puzzle 73

3				6	4			
	9			2		7		
		5		8				4
4	3			1			8	
6	1	9				4	5	2
	2			9			7	3
2				5		6		
		3		7			2	
			1	4				8

Level 2

Puzzle 74

8	4							1
			8	6				4
		6			9		3	7
			5		8		9	
1	5		4		3		7	6
	2		1		6			
4	8		6			3		
3				1	7			
2							6	5

Level 2

Puzzle 75

9		5				2		6
		6	7	9	5	4		
8			4	1	9			5
		4	2	3	7	1		
1			6	5	8			3
		3	9	4	6	8		
2		9				5		1

Level 2

Puzzle 76

Level 2

Puzzle 77

1		7	8			6		5
				2				
3		6			9	4		7
		5		7				3
	1		4		2		9	
2				8		5		
6		2	7			3		8
				4				
8		9			1	7		4

Level 2

Puzzle 78

3	7			4			6	1
			8		3	7		
6		4				3		5
	8		5		7		3	
				3				
	3		6		2		9	
8		7				1		9
		5	1		8			
1	9			5			2	4

Level 2

Puzzle 79

	7		1		2		4	
			3		6	5		
2		6		8		1		9
9			4				1	
1								7
	5				8			6
7		2		6		3		4
		1	7		3			
	4		9		5		8	

Level 2

Puzzle 80

					2			9
		8			4	1		
	4	6		9		8	7	
8					5	9	2	
9	1			6			8	4
	6	4	9					1
	8	7		1		4	9	
		1	8			3		
3			4					

Level 2

Puzzle 81

	3		1	6		5		7
	8	4			2	3		
						9		
4	9				5	6	7	
	6	3	7				1	5
		2						
		8	3			7	5	
3		5		2	4		8	

LEVEL 3

Puzzle 82

	2	9						
5						4		
	3	4	1		7		5	2
	7	2	5		4			
				3				
			9		8	5	3	
6	5		4		2	3	7	
		1						9
						6	4	

Level 3

Puzzle 83

	4	7	1	5				3
9		8	4					
3	2						8	
7	1		6			3		
		5			2		9	7
	6						7	5
					5	2		9
5				8	9	1	3	

Level 3

Puzzle 84

		7	3		6			
8		9				7		3
					8			
					7	6	4	5
2		6	4		5	9		8
1	4	5	8					
			9					
9		3				8		7
			1		3	5		

Level 3

Puzzle 85

7		9		2	3			
5	3							8
1	2				7			
9		7	1					3
		8				7		
3					9	1		5
			4				8	2
2							6	7
			5	6		9		4

Level 3

Puzzle 86

8	4					3	2	
7				9				
2			4	7			5	
		7	9		4			6
3								5
6			5		8	1		
	7			4	5			1
				6				2
	2	5					6	9

Level 3

Puzzle 87

	4		2				3	7
6				9			1	
		9	7		1			8
	7					6	4	
		6				3		
	3	5					7	
9			4		8	7		
	5			2				6
8	1				9		5	

Level 3

Puzzle 88

	5		1					
		6	5					
						1	9	
7					5	4	6	9
1	4	8	9		6	7	5	3
5	6	9	4					1
	9	2						
					7	8		
					8		4	

Level 3

Puzzle 89

	8			4		3		
	5							
9					8	6		
	3		1			2	6	8
1	4	6				7	9	5
5	2	8			9		4	
		5	8					9
							1	
		4		3			7	

Level 3

Puzzle 90

	3		1			7		2
					3			1
9		8		5	7			
7				6			2	4
			4		1			
1	2			7				3
			5	4		6		7
8			7					
2		7			9		1	

Level 3

Puzzle 91

				1	7	2	3	
7	6	2		8				
					9		6	
3	4				5		8	
	5						4	
	8		4				2	3
	2		9					
				6		1	5	4
	3	6	1	7				

Level 3

Puzzle 92

8			4			7	2	
4			3					6
					5		1	9
				3			6	7
6	9						4	1
3	5			1				
2	7		1					
5					9			8
	3	1			8			5

Level 3

Puzzle 93

1	7				6			
		3	7			1	6	
	5			9	8			2
	9	1						5
		7				8		
4						6	9	
2			4	3			5	
	4	6			2	7		
			5				2	8

Level 3

Puzzle 94

8			6				1	
			2	4		9		
	1	2		5				
				8		7		1
2	8		1		7		5	4
1		6		2				
				6		8	4	
		4		9	5			
	5				3			7

Level 3

Puzzle 95

5				1		8		2
							6	9
	3		5	2				
9	6				3			1
3			2		6			4
8			4				9	6
				3	4		7	
1	9							
4		3		7				8

Level 3

Puzzle 96

		2	5				9	
		1	9	8		2		5
				7		8		
		8		4			3	2
	2						5	
9	6			1		4		
		4		2				
2		5		9	8	7		
	8				3	6		

Level 3

Puzzle 97

								5
			8		2	9	1	
	1		7	4				6
			1		4	2		7
		1		8		4		
3		8	2		7			
8				9	3		5	
	5	6	4		8			
2								

Level 3

Puzzle 98

			4	2			7	6
9			5			1	2	
	2					4		8
		1	3	9	8			
			7	1	6	8		
4		6					9	
	8	7			1			5
1	5			3	2			

Level 3

Puzzle 99

				8				
6	3						1	2
			6	5	3			
	1			7			5	
5		8	4	9	6	1		7
	7			3			2	
			9	2	5			
9	5						4	3
				1				

Level 3

Puzzle 100

						8		
7	1	2	9			6	4	
5	8				3	7		
	6	9			7	2		
		5	2			9	1	
		1	6				7	4
	2	6			4	5	9	8
		7						

Level 3

Puzzle 101

4		3	6		1	9		8
7			3			5		
		9						
1								7
3		4	1		8	6		9
8								2
						7		
		1			9			6
6		8	2		3	1		4

Level 3

Puzzle 102

9						2		
	1	7	3		2		5	
					5		8	
	4		2		7	1		9
		2				8		
6		5	1		3		2	
	8		6					
	2		5		1	3	7	
		9						4

Level 3

Puzzle 103

	5		6	8			4	1
		7						5
		8	9					2
						1	8	3
			8	4	9			
5	8	6						
1					2	9		
6						3		
8	4			5	1		6	

Level 3

Puzzle 104

			5				9	
6	1				3	7		4
7		4	8			2	3	
				4				
4	6						2	7
			7					
	2	8			1	4		3
5		6	9				7	8
	3				8			

Level 3

Puzzle 105

		3	7			4		8
	9		6	2	5		1	
1							5	
		9	8		4			
			2		6			
			1		3	9		
	5							7
	1		3	4	7		6	
4		8			1	3		

Level 3

Puzzle 106

	8		5		2	3		
	2	1	7	4	8	5		
5								
						2	4	3
9								1
7	4	3						
								9
		5	3	2	1	8	7	
		4	8		5		3	

Level 3

Puzzle 107

3	1		2	4			6	7
			1		3		5	
							2	
1			3			6		5
5								9
9		7			8			2
	4							
	5		6		7			
2	3			9	4		1	8

Level 3

Puzzle 108

7		3	6		2			
					4			
	2	9		1		7		8
		6			7		3	
2			9		8			5
	3		2			1		
6		2		7		3	9	
			5					
			4		3	2		7

Level 3

Puzzle 109

4		2		8			3	5
				9	5	4		2
				4				
5			1			9		7
		1				2		
9		7			2			1
			8					
8		6	5	4				
3	4			6		8		9

Level 3

Puzzle 110

		1	7				8	3
	3					9		
			5			1		
9				2	7	3		
5		4	9	3	6	2		8
		3	4	1				6
	4			8				
		9					5	
8	2				9	4		

Level 3

Puzzle 111

	7				4		6	
9	4	3						
2							1	9
8		7	3		5	9		
3								5
		5	9		7	8		6
1	5							7
						5	2	4
	2		4			9		

Level 3

Puzzle 112

	8		3			7		
3						6		
1			9		7			
7			4	5		8		2
		3	6		2	9		
9		2		7	3			1
			1		5			7
		4						5
		9			8		4	

Level 3

Puzzle 113

		1		4	2			8
	2	3			9	6		
6		4	7					
		5			7		8	
		8				2		
	7		4			9		
					1	3		6
		7	3			8	9	
4			5	8		1		

Level 3

Puzzle 114

	5			2				3
			3				4	
	6	4	9	8		7		
8						9	3	2
			7	3	9			
6	9	3						5
		7		4	8	1	6	
	8				7			
1				5			8	

Level 3

Puzzle 115

			5	9		3	6	
		5						
7		4	3	1			5	2
	1		8					3
		9				4		
8					9		7	
5	2			6	8	9		7
						5		
	6	8		4	5			

Level 3

Puzzle 116

8			1		3			
	5				6		9	7
6		1					3	
	2	6	7					5
		9				3		
4					5	2	6	
	8					7		4
1	6		4				2	
			5		2			1

Level 3

Puzzle 117

4	3					8	9	
1					2	5		
				7	3			
			7		8			
		7		5				9
	2	6	3		9		1	8
9	8					4	5	
2					4	9		
				6	1			

Level 3

Puzzle 118

	4	2	9	6		7		
			7		4			
8		9						2
					5		1	9
		3		1		5		
5	1		6					
6						3		8
			2		6			
		8		7	9	1	6	

Level 3

Puzzle 119

	6						2	
8	3	4	1				7	
			5	6	4	8		
		8					3	
4		1		7		9		8
	2					7		
		9	2	1	6			
	7				8	2	4	6
	8						5	

Level 3

Puzzle 120

	4	3	9		8	7	1	
			3		1			
6				2				5
		9	5				2	
		4				3		
	5				2	4		
5				3				2
			4		6			
	3	6	2		5	9	7	

Level 3

Puzzle 121

6	2						7	5
5					7			1
			9	3				
2	1						9	6
		7		8		4		
		6				1		
			6	7				
3			9					4
4	6						1	2

LEVEL 4

Puzzle 122

2		6		3		1	9	
	3	8		4	9			2
		9			2			
	1			6				
				9			3	
			8			4		
5			7	2		3	1	
	8	3		1		6		5

Level 4

Puzzle 123

			7	6				
		8			4			
						4	2	7
7	2		9		3		6	
5	6						8	3
	8		6		1		4	2
8	4	6						
			5			1		
				2	8			

Level 4

Puzzle 124

	5	6		8			1	
8	3		2		7			
	1	2						
			6			7		9
			1		4			
2		3			8			
						3	9	
			4		9		2	6
	7			5		1	4	

Level 4

Puzzle 125

2	7	1					3	
			6	5				1
	3					4		
9			5	8			4	
		8	4		7	1		
	1			6	9			2
		5					2	
4				9	5			
	2					9	5	3

Level 4

Puzzle 126

7		5		3			1	
			9	2				8
	6	8			1			
	7	1	5	6				
			2		3			
				4	8	5	9	
			1			7	3	
4				8	5			
	3			7		1		4

Level 4

Puzzle 127

1		5				2		7
	8			4				
			6			3		
6		9		1	4			
		2	9	6	8	1		
			2	3		9		4
		1			5			
				8			3	
3		7				4		5

Level 4

Puzzle 128

				9				
1			5		2		9	
9		6			1	7		
6		5		1		3		
		4				5		
		3		7		8		4
		8	2			4		7
	2		4		7			3
			3					

Level 4

Puzzle 129

			3	2		7		
1		6			8		5	
		9					1	
			2			3	7	
	6	1				5	9	
	5	2			7			
	4					8		
	2		7			6		1
		5		8	3			

Level 4

Puzzle 130

	4				7			
		7		8			2	9
	9		1		2	7	3	
	6							
	2		4		3		9	
							6	
	1	2	5		9		7	
9	3			1		5		
			3				8	

Level 4

Puzzle 131

			4	2	7			1
1		2						
			1	5	7	2		
				3		1	8	
		6				4		
	5	8		6				
		9	6	2	5			
						8		2
2		4	7	1				

Level 4

Puzzle 132

								8
	6				8		4	5
				2	1	7		
	8		3			1		
	3	6		7		4	5	
		2			5		6	
		7	2	9				
8	4		6				3	
2								

Level 4

Puzzle 133

	8				4			
2				9				
			6		7			8
3	2	9		1	8	6	5	
		5				2		
	6	7	2	3		1	4	9
4			5		9			
				6				2
			3				7	

Level 4

Puzzle 134

								7
	8				1		6	3
				9	2	4		
	4		1			6		
	7	3		2		9	5	
		2			4		7	
		9	4	3				
5	1		2				8	
2								

Level 4

Puzzle 135

		1	7		5	2		
	7	3				8	9	
				1				
2				4				3
		8	3		2	4		
9				8				5
				2				
	1	6				9	4	
		5	1		9	3		

Level 4

Puzzle 136

9		6	7			1		2
	3			4			6	
	1	7				3		
6					9			
				5				
			3					6
		8				9	2	
	4			8			5	
7		2			3	6		1

Level 4

Puzzle 137

8	9					1	3	
1					3	4		
				7	2			
			7		6			
		5		2				9
	2	8	4		9		7	5
4	8					5	9	
3					7	8		
				9	5			

Level 4

Puzzle 138

		4			7	1		
	2		9			5		
9				5	2	6		3
		9			8			5
6								8
5			7			9		
2		3	6	8				9
		1			4		7	
		5	2			8		

Level 4

Puzzle 139

		6			9			8
3							4	
7	9		5				3	
				2			7	6
5	6						9	3
8	4			9				
	3				7		5	4
	5							1
1			4			3		

Level 4

Puzzle 140

		6	7			9	4	
3							7	
	8		3	4			1	
8		9	6			3		
6								5
		1			5	8		7
	1			6	4		5	
	9							6
	6	4			7	2		

Level 4

Puzzle 141

1				4		2		9
					2			7
			3					
	5	8		2	1		3	
3	4						7	2
	7		9	3		6	8	
					3			
7			6					
9		2		5				1

Level 4

Puzzle 142

			5	2			6	
	5							
8			6		7		1	5
2		5		3				9
		3				8		
9				5		7		3
1	6		7		4			2
							7	
	4			9	3			

Level 4

Puzzle 143

				8	3			
	5	9					1	2
1				5				
		1	7		8		3	9
7								5
4	3		2		6	7		
			4					3
3	2					5	6	
			5	3				

Level 4

Puzzle 144

	9	6	3			2	4	5	
			9			1			
	1							3	
		7		9		3			
			5			6			
		5		7		8			
	5							1	
			2		9				
	3	1	4		7	9	2	

Level 4

Puzzle 145

8	4						1	2
1					4			9
				7	9			
4	9						3	8
		7		3		5		
		8				9		
			3	5				
6			4					5
9	2						6	4

Level 4

Puzzle 146

5	6	4						
1				5				
				3	8	5		6
4		1	3	9				
	3	7				4	2	
				8	4	3		7
6		2	5	7				
				6				5
						9	6	3

Level 4

Puzzle 147

	3							
		1	8			9		
	9	7	4	6		2		8
	4					3		
	2	6		1		4	7	
		5					1	
7		2		9	5	6	8	
		9			6	1		
							5	

Level 4

Puzzle 148

	9		7		5			
	6	8	9					3
						4		5
	3	9		7				8
	2						7	
1				8		5	6	
2		1						
3					6	1	5	
			1		7		4	

Level 4

Puzzle 149

6	8		5	9				7
1			6					
			7				8	
		1				9	4	
	4			8			3	
	3	9				8		
	7				5			
					9			3
5				1	2		7	6

Level 4

Puzzle 150

					9	8	7	
				2		5	9	
		4	8	3				
				9		2	4	8
5	8	6		7				
				8	3	9		
	2	1		5				
	6	3	1					

Level 4

Puzzle 151

	7				6	4		
4			9		2			
8		6						3
		2						4
5	4	9				8	3	6
7						1		
1						7		9
			5		9			2
		3	7				5	

Level 4

Puzzle 152

				8				
2		4				3		6
3				2				7
4			7		1			9
6		7		3		5		2
5			4		2			8
1				9				3
7		6				8		5
				1				

Level 4

Puzzle 153

	8	6		3	1			
							8	7
	7	4	2					
		9	1	5			3	
			4	9	2			
	2			7	8	6		
					3	2	4	
8	3							
			9	6		3	1	

Level 4

Puzzle 154

					5		2	8
9	4					5	7	
2					1			
				5				9
4	7		8		3		5	1
5				9				
			5					3
	5	2					9	7
7	9		4					

Level 4

Puzzle 155

				8	5		2	4
	6					7		
		1					8	
1		6		4			5	2
7								1
2	9			5		4		8
	1					3		
		9					4	
6	7		9	2				

Level 4

Puzzle 156

4								1
	1			8			7	
		8	7		6	9		
		9	5		2	6		
	7			3			9	
		5	9		4	3		
		6	2		1	8		
	5			9			4	
2								9

Level 4

Puzzle 157

	5	3	7	2		9		
			8		1			
2		6						5
					3		9	6
		2				5		
1	6		4					
4						3		9
			1		8			
		5		7	4	6	2	

Level 4

Puzzle 158

3		5	2					9
				7				
		6			1	4		5
		9		3				6
	2		5		7		4	
5				4		1		
4		3	8			7		
				5				
8					6	2		3

Level 4

Puzzle 159

5					2		8	
4	2	8	3					7
		3						6
		2	1					
1			5		6			4
					3	9		
3						5		
7					1	4	6	2
	1		7					3

Level 4

Puzzle 160

5			8				2
			1		9			
3		7				8		5
	4			7			8	
7			6		2			3
	2			3			5	
1		6				7		9
			3		6			
8				4				1

Level 4

Puzzle 161

	4		7		2			
6			1	9				
	5	9			6			3
			5					9
1			9		3			2
9					8			
7			8			2	1	
				6	4			7
			2		1		5	

LEVEL 5

Puzzle 162

					1			5
	1		3		6			4
							8	
		8		6			4	
	5	9				8	3	
	4			8		9		
	3							
7			4		2		9	
1			6					

Level 5

Puzzle 163

				8	5			
		4						7
9		6	4					
		7		5			6	3
4		2				7		9
6	3			2		4		
					7	8		5
8						6		
			9	3				

Level 5

Puzzle 164

	5		3					1
				6				5
		1	4				7	
		2	7		3		8	
	3						6	
	8		6		2	7		
	1				7	8		
5				1				
7					8		2	

Level 5

Puzzle 165

	6			2		9		
					1	2		
1			7	9				
				4	3	7		
3	8			6			1	4
		7	5	8				
				3	5			6
		4	2					
		9		1			2	

Level 5

Puzzle 166

				9				
		8	2			7		
3		1						5
	7	3					8	1
9			3		6			2
1	4					5	3	
4						2		9
		6			3	8		
			4					

Level 5

Puzzle 167

		8		1	6	3		
1					8			
4	6							
8		3	4		1			6
5			2		3	1		8
							9	2
			5					4
		2	8	3		5		

Level 5

Puzzle 168

				4				
6					2			7
1	9		7				3	5
	2					6		
		9		8		4		
		8					9	
9	8				3		1	6
7			8					3
				9				

Level 5

Puzzle 169

3		9		7				1
		6		1				
					5		4	9
		1						
4	2						9	8
						2		
6	8		2					
				9		1		
1				6		3		7

Level 5

Puzzle 170

	4		9		6			
		7		5		2		4
							6	
8				9			3	
	5						4	
	9			1				6
	8							
9		2		7		1		
			2		1		7	

Level 5

Puzzle 171

				6	3	9	8	1
				8			7	
5				9				
	6				1			7
	7						2	
8			6				3	
				1				6
	1			3				
6	9	2	8	5				

Level 5

Puzzle 172

								3
				8	1	7		
	4				3			9
		6			9		8	
	9	8		1		6	2	
	2		6			1		
5			7				4	
		1	8	2				
3								

Level 5

Puzzle 173

			3				4	
3	1	7						
					6		3	
6		2			1		7	
5	4						6	3
	9		2			8		4
	7		5					
						1	5	8
	2				4			

Level 5

Puzzle 174

			8		4		5	
7					6			
4	6				9	3		
	2	9		4				
	3			8			4	
				1		9	6	
		8	4				3	5
			5					8
	9		3		8			

Level 5

Puzzle 175

							1	
	4		2		3			
		3		7		8		4
5				2			6	
	1						8	
	3			8				7
8		2		9		5		
			6		1		9	
	5							

Level 5

Puzzle 176

				8				1
		3	5				2	
	1		4					3
		2	7		5		8	
	7						1	
	6		1		9	5		
8					4		7	
	9				6	4		
2				9				

Level 5

Puzzle 177

	3	9	2				5	
					1	4	7	
			7					2
			3	6				8
		2				9		
8				9	4			
9					3			
	2	3	5					
	5				7	1	4	

Level 5

Puzzle 178

	4	3	8				5	
1							2	
		9		7				8
2								
		5	4	9	3	6		
								9
7				6		1		
	8							7
	5				2	3	4	

Level 5

Puzzle 179

	2		4					1
				5				9
		5	8				3	
		3				6	8	
	1						7	
	8	2				3		
	9				2	7		
2				8				
7					3		5	

Level 5

Puzzle 180

7								
9	8	1						3
		4	3				5	
	3	9	7				4	
			5		8			
	4				1	8	7	
	2				6	1		
1						6	9	5
								2

Level 5

Puzzle 181

2		9			1			
6			7	9	5			
7			4			5		
5						4		
			3		7			
		1						2
		2			8			1
			6	1	4			9
			2			3		4

Level 5

Puzzle 182

				8	9		7	
	3						4	
		2			4			9
	9			7				
	2	1				3	8	
				4			5	
5			7			4		
	1						9	
	6		4	5				

Level 5

Puzzle 183

			4			2		
		5	1		2	6		
4							3	
3	5	9	2	4				1
2				9	1	5	6	4
	2							9
		1	6		5	4		
		8			7			

Level 5

Puzzle 184

		2	5			3	6	
	6			2	4			
								1
				4	1	9		7
9								4
1		4	2	3				
6								
			8	1			5	
	2	5			7	6		

Level 5

Puzzle 185

3				4	9	1		
4				5			8	
				3		6		2
	6							
5	7						2	6
							7	
9		4		1				
	8			7				3
		1	4	8				5

Level 5

Puzzle 186

		9	1			4	6	
		3	2	9		5		
							7	
							8	
8		2		7		6		4
	7							
	2							
		5		3	2	9		
	4	1			9	2		

Level 5

Puzzle 187

				5				
3	7		8				1	4
1					6			3
	1					8		
		9		8		5		
		2					6	
7			9					6
4	8				1		3	7
				6				

Level 5

Puzzle 188

2				9		5		
8	6						1	
	3			7				6
	8		9			2		
			6		3			
		1			7		4	
6				4			7	
	4						2	1
		7		2				4

Level 5

Puzzle 189

								2
	2				4			6
				8	9	1		
	6		3			2		
	5	2		4		8	7	
		9			2		6	
		4	7	9				
7			1				3	
3								

Level 5

Puzzle 190

	3		7	9		8		
							1	
2			3			7		5
	5							9
3			8		4			2
7							4	
5		1			9			7
	4							
		9		4	1		6	

Level 5

Puzzle 191

8	9		5				3	7
4					3			6
				1				
	8					6		
		1		5		2		
		2					9	
				9				
7			6					3
3	6				7		8	4

Level 5

Puzzle 192

	5		8	6			1	
	8						9	
2					7		5	
			9			8		6
5		4			3			
	2		6					9
	1						2	
	9			3	5		6	

Level 5

Puzzle 193

2					4	3		
	6	4			2		9	
	5					8		4
			8			1		
6								5
		7			5			
8		2					7	
	7		1			9	8	
		9	7					1

Level 5

Puzzle 194

6					8		4	
3		4	2					6
		5						9
		7	4				3	
4			8		2			1
	2				6	4		
8						5		
9					4	1		3
	5		7					4

Level 5

Puzzle 195

		6		3		1		
	5					8		
3					2	7	4	
	4			7	3			1
		1		9		2		
9			4	8			7	
	6	8	7					2
		7					9	
		3		1		4		

Level 5

Puzzle 196

8			9		4		6	7
					6	8	4	
		1		8				
	2	9		1				
				5		4	3	
				7		6		
	9	3	5					
5	1		6		8			4

Level 5

Puzzle 197

9		1				5		
					7		9	
		2	4				8	3
	8	6		1				
	2						5	
				8		4	7	
3	7				9	6		
	1		5					
		4				3		5

Level 5

Puzzle 198

2						9		
	8	9	2	4				
			1	9				6
9		2					3	
3								9
	4					2		8
8				7	5			
				3	9	1	5	
		4						7

Level 5

Puzzle 199

								5
	9				1			8
				2	6	9		
		3			2		4	
	2	4		7		3	1	
	7		1			2		
		2	4	3				
6			5				9	
9								

Level 5

Puzzle 200

			9	7				4
6	5							
		7		6	1			
4		9	2					
		8				6		
					3	7		1
			3	5		1		
							9	5
1				8	7			

Level 5

Puzzle 201

		1	9	5	7	3		
	3						1	
2								8
9			7		4			5
1								6
3		8				1		2
4			2	6	5			3
	9						5	
		3	1	8	9	2		

Level 5

Solutions 1–12

1

4	6	1	2	7	8	3	5	9
7	8	2	5	3	9	4	1	6
5	9	3	1	4	6	7	2	8
9	2	8	7	5	4	1	6	3
3	5	7	8	6	1	2	9	4
6	1	4	9	2	3	5	8	7
1	7	6	4	9	2	8	3	5
8	3	5	6	1	7	9	4	2
2	4	9	3	8	5	6	7	1

2

7	6	1	9	2	3	8	4	5
5	2	8	1	6	4	7	3	9
4	3	9	8	5	7	6	1	2
1	5	3	2	4	6	9	8	7
8	7	2	3	9	1	5	6	4
6	9	4	7	8	5	3	2	1
2	4	5	6	3	9	1	7	8
3	8	7	5	1	2	4	9	6
9	1	6	4	7	8	2	5	3

3

4	3	1	2	5	9	7	6	8
9	6	2	4	8	7	1	5	3
7	5	8	3	6	1	4	2	9
3	8	6	9	2	4	5	7	1
2	4	9	1	7	5	8	3	6
5	1	7	6	3	8	2	9	4
8	2	4	7	9	3	6	1	5
1	7	3	5	4	6	9	8	2
6	9	5	8	1	2	3	4	7

4

7	4	9	2	1	5	8	6	3
5	8	6	4	9	3	2	7	1
1	3	2	7	8	6	5	9	4
6	7	3	5	2	9	4	1	8
4	5	8	6	7	1	9	3	2
9	2	1	3	4	8	6	5	7
8	6	4	9	3	7	1	2	5
2	9	7	1	5	4	3	8	6
3	1	5	8	6	2	7	4	9

5

6	5	2	3	9	4	8	1	7
8	4	3	7	2	1	9	5	6
1	7	9	5	8	6	2	3	4
5	2	8	1	6	3	4	7	9
9	3	6	8	4	7	5	2	1
7	1	4	9	5	2	6	8	3
3	6	5	4	1	8	7	9	2
2	8	1	6	7	9	3	4	5
4	9	7	2	3	5	1	6	8

6

8	9	6	7	2	4	5	3	1
2	1	4	3	6	5	9	7	8
5	3	7	8	1	9	4	6	2
9	4	5	2	3	8	7	1	6
1	6	2	9	4	7	3	8	5
3	7	8	6	5	1	2	4	9
4	2	3	5	8	6	1	9	7
6	5	9	1	7	3	8	2	4
7	8	1	4	9	2	6	5	3

7

1	4	5	6	8	9	7	2	3
6	8	9	2	3	7	4	5	1
3	2	7	4	5	1	6	9	8
8	3	2	9	6	5	1	7	4
9	1	6	3	7	4	5	8	2
7	5	4	1	2	8	3	6	9
5	7	3	8	1	2	9	4	6
2	9	1	7	4	6	8	3	5
4	6	8	5	9	3	2	1	7

8

4	6	9	1	2	3	5	8	7
7	2	1	8	6	5	9	4	3
8	3	5	7	4	9	1	2	6
6	1	4	3	5	8	7	9	2
5	8	7	9	1	2	6	3	4
3	9	2	4	7	6	8	1	5
2	7	3	5	9	1	4	6	8
9	5	8	6	3	4	2	7	1
1	4	6	2	8	7	3	5	9

9

9	4	7	8	6	2	5	1	3
5	6	1	3	7	9	2	8	4
3	8	2	5	1	4	7	6	9
1	3	6	9	2	5	8	4	7
7	9	8	6	4	3	1	2	5
4	2	5	1	8	7	3	9	6
8	5	3	4	9	1	6	7	2
6	7	4	2	3	8	9	5	1
2	1	9	7	5	6	4	3	8

10

9	7	4	2	8	1	3	6	5
8	2	6	5	7	3	9	1	4
5	3	1	6	4	9	2	8	7
6	5	9	1	3	4	8	7	2
1	8	2	7	6	5	4	9	3
3	4	7	9	2	8	1	5	6
2	9	8	3	5	7	6	4	1
4	6	5	8	1	2	7	3	9
7	1	3	4	9	6	5	2	8

11

5	8	2	7	1	9	6	3	4
4	9	6	3	2	5	7	8	1
7	1	3	4	8	6	2	9	5
8	6	7	2	9	4	5	1	3
1	5	9	6	3	8	4	7	2
2	3	4	5	7	1	8	6	9
6	2	1	9	5	7	3	4	8
3	4	8	1	6	2	9	5	7
9	7	5	8	4	3	1	2	6

12

4	7	3	8	9	6	1	2	5
6	1	2	3	5	4	8	7	9
8	5	9	2	7	1	4	6	3
2	6	1	9	8	5	3	4	7
3	4	5	6	1	7	9	8	2
9	8	7	4	3	2	5	1	6
7	3	4	1	2	9	6	5	8
1	2	8	5	6	3	7	9	4
5	9	6	7	4	8	2	3	1

Solutions 13–24

13

4	1	8	2	5	3	9	6	7
3	6	5	9	4	7	1	8	2
2	7	9	6	1	8	5	3	4
1	2	3	7	6	4	8	9	5
8	9	7	5	3	2	4	1	6
5	4	6	8	9	1	7	2	3
9	5	1	4	2	6	3	7	8
6	8	4	3	7	9	2	5	1
7	3	2	1	8	5	6	4	9

14

7	1	5	3	6	4	9	8	2
4	6	9	5	8	2	3	7	1
2	3	8	1	9	7	5	4	6
8	7	4	9	2	5	1	6	3
3	5	6	7	4	1	8	2	9
1	9	2	6	3	8	4	5	7
9	4	3	2	5	6	7	1	8
6	8	1	4	7	9	2	3	5
5	2	7	8	1	3	6	9	4

15

9	7	4	6	2	3	8	5	1
6	5	2	1	8	9	7	4	3
8	3	1	4	7	5	6	9	2
5	6	9	8	4	2	1	3	7
3	4	8	9	1	7	5	2	6
1	2	7	3	5	6	4	8	9
2	1	5	7	3	8	9	6	4
4	9	3	5	6	1	2	7	8
7	8	6	2	9	4	3	1	5

16

4	3	2	5	6	9	8	1	7
1	6	8	7	2	4	3	9	5
9	7	5	3	1	8	6	2	4
5	2	7	9	3	6	4	8	1
6	9	4	8	5	1	7	3	2
8	1	3	2	4	7	9	5	6
7	5	1	4	9	3	2	6	8
3	4	6	1	8	2	5	7	9
2	8	9	6	7	5	1	4	3

17

8	5	9	4	3	2	1	7	6
2	3	1	7	6	9	5	4	8
6	4	7	5	1	8	2	9	3
1	9	6	3	4	7	8	2	5
4	8	3	2	9	5	7	6	1
5	7	2	1	8	6	9	3	4
7	6	8	9	5	4	3	1	2
3	2	4	8	7	1	6	5	9
9	1	5	6	2	3	4	8	7

18

3	1	7	5	2	6	9	4	8
5	8	2	9	4	7	3	6	1
6	9	4	3	1	8	2	7	5
7	2	9	6	3	5	8	1	4
1	4	6	8	9	2	7	5	3
8	3	5	1	7	4	6	2	9
2	7	1	4	8	3	5	9	6
4	6	3	2	5	9	1	8	7
9	5	8	7	6	1	4	3	2

19

8	2	3	9	1	7	4	6	5
4	1	7	3	6	5	8	9	2
9	6	5	4	8	2	3	1	7
3	4	8	2	9	6	7	5	1
6	7	2	8	5	1	9	4	3
5	9	1	7	3	4	6	2	8
2	8	6	1	7	9	5	3	4
1	3	9	5	4	8	2	7	6
7	5	4	6	2	3	1	8	9

20

2	8	6	9	4	7	5	1	3
3	4	1	5	8	2	6	7	9
5	7	9	3	6	1	4	8	2
9	1	3	6	7	4	8	2	5
8	6	4	2	5	9	7	3	1
7	5	2	1	3	8	9	4	6
1	2	7	8	9	6	3	5	4
4	9	5	7	1	3	2	6	8
6	3	8	4	2	5	1	9	7

21

6	9	5	2	3	7	4	8	1
8	3	1	5	9	4	2	7	6
4	2	7	6	8	1	9	5	3
2	6	8	9	1	5	7	3	4
5	4	3	7	2	6	1	9	8
1	7	9	3	4	8	5	6	2
3	1	6	4	7	9	8	2	5
7	5	4	8	6	2	3	1	9
9	8	2	1	5	3	6	4	7

22

4	9	8	7	5	1	2	3	6
1	3	5	8	2	6	4	9	7
6	7	2	9	3	4	5	1	8
5	4	9	1	6	3	8	7	2
8	2	6	5	9	7	3	4	1
7	1	3	4	8	2	9	6	5
3	5	1	2	7	9	6	8	4
2	6	4	3	1	8	7	5	9
9	8	7	6	4	5	1	2	3

23

4	1	5	7	9	6	2	8	3
8	2	3	5	1	4	6	7	9
6	7	9	2	8	3	1	4	5
3	6	8	4	7	1	5	9	2
2	5	1	8	6	9	4	3	7
9	4	7	3	5	2	8	6	1
5	8	6	1	3	7	9	2	4
1	3	2	9	4	8	7	5	6
7	9	4	6	2	5	3	1	8

24

8	2	7	3	5	9	1	4	6
9	1	6	8	4	7	3	5	2
3	5	4	6	1	2	9	7	8
6	8	2	4	9	3	7	1	5
1	9	5	7	6	8	4	2	3
4	7	3	5	2	1	8	6	9
5	3	8	2	7	4	6	9	1
7	6	9	1	3	5	2	8	4
2	4	1	9	8	6	5	3	7

Solutions 25–36

25

1	9	2	5	3	4	7	6	8
7	5	3	6	8	1	9	4	2
4	8	6	9	2	7	5	1	3
6	3	8	1	7	5	4	2	9
5	1	4	2	9	3	6	8	7
9	2	7	8	4	6	3	5	1
2	4	1	7	6	9	8	3	5
8	6	9	3	5	2	1	7	4
3	7	5	4	1	8	2	9	6

26

8	6	7	4	2	5	1	3	9
5	2	3	1	8	9	6	7	4
4	9	1	7	3	6	5	8	2
7	8	2	5	6	1	9	4	3
9	3	5	2	7	4	8	6	1
6	1	4	3	9	8	2	5	7
3	5	8	9	1	7	4	2	6
2	4	9	6	5	3	7	1	8
1	7	6	8	4	2	3	9	5

27

7	9	4	6	1	2	3	8	5
6	2	1	5	8	3	9	4	7
5	8	3	4	9	7	1	6	2
9	4	6	7	2	8	5	1	3
8	7	2	3	5	1	6	9	4
3	1	5	9	4	6	7	2	8
1	3	7	8	6	4	2	5	9
2	5	8	1	3	9	4	7	6
4	6	9	2	7	5	8	3	1

28

2	9	7	4	8	5	3	1	6
8	6	5	1	2	3	9	4	7
1	3	4	6	7	9	2	8	5
9	5	2	7	3	4	8	6	1
6	7	1	8	9	2	5	3	4
3	4	8	5	1	6	7	2	9
4	1	9	2	5	8	6	7	3
7	2	3	9	6	1	4	5	8
5	8	6	3	4	7	1	9	2

29

3	5	4	2	7	1	8	6	9
8	2	9	6	4	5	1	7	3
7	6	1	8	9	3	5	2	4
6	1	3	5	8	4	2	9	7
4	9	2	1	6	7	3	5	8
5	8	7	9	3	2	6	4	1
2	7	6	4	1	8	9	3	5
9	4	8	3	5	6	7	1	2
1	3	5	7	2	9	4	8	6

30

5	1	2	4	3	8	6	7	9
6	4	7	1	2	9	5	3	8
8	3	9	6	5	7	2	1	4
4	2	8	3	1	6	7	9	5
3	9	6	5	7	4	1	8	2
1	7	5	9	8	2	3	4	6
9	6	1	2	4	3	8	5	7
7	5	4	8	6	1	9	2	3
2	8	3	7	9	5	4	6	1

31

6	7	3	5	8	2	4	1	9
9	8	4	3	6	1	2	5	7
2	1	5	7	4	9	8	3	6
4	5	1	6	2	3	7	9	8
8	3	6	1	9	7	5	2	4
7	2	9	8	5	4	1	6	3
1	9	8	2	7	6	3	4	5
5	4	2	9	3	8	6	7	1
3	6	7	4	1	5	9	8	2

32

5	2	6	1	9	3	7	4	8
7	4	3	8	2	6	1	5	9
9	1	8	7	4	5	3	6	2
1	3	5	6	8	7	9	2	4
4	7	2	3	5	9	8	1	6
8	6	9	4	1	2	5	7	3
6	5	7	9	3	4	2	8	1
3	8	4	2	7	1	6	9	5
2	9	1	5	6	8	4	3	7

33

3	6	9	2	4	5	7	1	8
8	4	5	1	7	6	2	3	9
2	7	1	8	3	9	5	4	6
4	9	7	6	2	1	3	8	5
1	2	8	9	5	3	6	7	4
6	5	3	7	8	4	1	9	2
5	1	4	3	9	2	8	6	7
7	3	2	4	6	8	9	5	1
9	8	6	5	1	7	4	2	3

34

3	1	2	7	8	9	5	6	4
4	8	7	5	6	3	2	9	1
9	6	5	4	2	1	7	8	3
7	2	9	6	5	4	3	1	8
6	5	4	3	1	8	9	7	2
1	3	8	9	7	2	4	5	6
2	4	1	8	9	7	6	3	5
8	9	6	2	3	5	1	4	7
5	7	3	1	4	6	8	2	9

35

2	5	9	4	7	6	3	8	1
8	3	7	9	5	1	2	6	4
4	1	6	3	8	2	7	5	9
9	2	8	7	1	3	6	4	5
5	4	3	2	6	9	8	1	7
6	7	1	5	4	8	9	2	3
1	6	5	8	3	7	4	9	2
3	9	4	6	2	5	1	7	8
7	8	2	1	9	4	5	3	6

36

2	1	6	4	3	5	8	7	9
3	8	5	9	7	2	1	4	6
9	4	7	6	1	8	2	3	5
1	5	3	2	4	6	7	9	8
4	2	9	1	8	7	5	6	3
7	6	8	5	9	3	4	1	2
6	7	4	8	2	9	3	5	1
8	9	1	3	5	4	6	2	7
5	3	2	7	6	1	9	8	4

Solutions 37–48

37

6	8	2	1	9	5	7	4	3
5	1	7	3	2	4	6	8	9
4	9	3	7	6	8	5	2	1
7	3	9	4	8	2	1	5	6
8	5	1	6	3	9	4	7	2
2	6	4	5	7	1	3	9	8
3	4	8	2	1	7	9	6	5
9	7	6	8	5	3	2	1	4
1	2	5	9	4	6	8	3	7

38

7	2	5	8	1	9	3	4	6
9	3	6	5	2	4	8	7	1
1	8	4	3	6	7	2	9	5
4	5	3	1	8	2	7	6	9
8	9	1	4	7	6	5	3	2
6	7	2	9	3	5	1	8	4
3	4	9	7	5	1	6	2	8
5	6	7	2	4	8	9	1	3
2	1	8	6	9	3	4	5	7

39

4	6	8	9	2	1	7	5	3
7	2	1	6	3	5	9	8	4
3	5	9	8	4	7	1	2	6
8	1	3	5	6	4	2	9	7
6	4	2	7	1	9	5	3	8
9	7	5	3	8	2	6	4	1
5	3	7	4	9	6	8	1	2
1	9	4	2	7	8	3	6	5
2	8	6	1	5	3	4	7	9

40

8	2	9	1	4	3	5	7	6
3	6	7	5	9	8	1	4	2
1	5	4	6	7	2	8	3	9
5	7	1	8	3	6	9	2	4
9	4	8	7	2	5	6	1	3
6	3	2	9	1	4	7	5	8
2	8	6	4	5	1	3	9	7
4	9	5	3	8	7	2	6	1
7	1	3	2	6	9	4	8	5

41

2	5	3	9	7	8	4	6	1
7	4	8	3	6	1	9	2	5
6	9	1	4	2	5	3	8	7
3	6	9	2	5	7	8	1	4
1	8	4	6	3	9	7	5	2
5	7	2	8	1	4	6	9	3
4	2	5	7	8	6	1	3	9
9	3	6	1	4	2	5	7	8
8	1	7	5	9	3	2	4	6

42

8	6	2	4	9	5	7	3	1
3	5	4	2	1	7	8	6	9
9	1	7	3	8	6	4	2	5
2	4	9	7	6	1	3	5	8
7	3	6	8	5	2	9	1	4
5	8	1	9	4	3	2	7	6
1	2	8	6	3	4	5	9	7
4	7	5	1	2	9	6	8	3
6	9	3	5	7	8	1	4	2

43

2	4	7	1	8	9	3	5	6
8	3	6	5	7	4	9	2	1
5	9	1	2	6	3	8	4	7
1	7	2	9	5	6	4	8	3
9	6	5	4	3	8	1	7	2
4	8	3	7	1	2	6	9	5
7	2	8	6	9	1	5	3	4
3	1	4	8	2	5	7	6	9
6	5	9	3	4	7	2	1	8

44

5	6	9	2	8	4	1	7	3
2	4	1	7	3	5	6	9	8
8	3	7	1	6	9	4	5	2
6	5	8	3	7	2	9	1	4
9	7	3	6	4	1	2	8	5
4	1	2	9	5	8	3	6	7
1	9	5	4	2	7	8	3	6
7	2	6	8	1	3	5	4	9
3	8	4	5	9	6	7	2	1

45

6	8	3	7	1	9	5	2	4
1	2	7	5	4	6	3	9	8
4	9	5	3	8	2	6	1	7
3	7	6	9	5	8	2	4	1
9	1	2	6	3	4	7	8	5
8	5	4	2	7	1	9	3	6
2	4	9	8	6	5	1	7	3
5	3	1	4	9	7	8	6	2
7	6	8	1	2	3	4	5	9

46

1	8	5	9	4	2	7	3	6
6	3	9	7	1	8	2	5	4
2	4	7	6	3	5	1	9	8
4	7	2	5	9	3	6	8	1
8	5	1	2	6	7	3	4	9
9	6	3	1	8	4	5	2	7
7	9	8	3	5	1	4	6	2
3	2	6	4	7	9	8	1	5
5	1	4	8	2	6	9	7	3

47

7	5	2	1	6	8	3	4	9
1	6	8	3	4	9	7	2	5
4	9	3	2	7	5	8	6	1
3	8	4	9	2	7	5	1	6
5	7	6	4	8	1	2	9	3
9	2	1	6	5	3	4	8	7
8	1	7	5	9	4	6	3	2
6	4	9	7	3	2	1	5	8
2	3	5	8	1	6	9	7	4

48

7	8	9	4	2	6	1	3	5
1	4	6	3	7	5	8	2	9
3	2	5	1	8	9	4	6	7
4	5	3	2	9	8	7	1	6
6	9	1	5	4	7	2	8	3
2	7	8	6	3	1	9	5	4
9	6	7	8	1	3	5	4	2
8	3	4	9	5	2	6	7	1
5	1	2	7	6	4	3	9	8

Solutions 49–60

49

3	6	7	4	1	9	8	2	5
2	1	8	5	6	3	9	7	4
4	5	9	7	8	2	3	6	1
5	2	1	6	3	4	7	8	9
6	9	3	8	7	5	1	4	2
8	7	4	9	2	1	5	3	6
1	4	2	3	5	8	6	9	7
9	3	6	1	4	7	2	5	8
7	8	5	2	9	6	4	1	3

50

8	5	7	4	2	1	9	3	6
9	2	3	8	7	6	5	4	1
4	1	6	5	9	3	8	2	7
2	8	4	3	6	9	7	1	5
7	9	1	2	8	5	3	6	4
3	6	5	7	1	4	2	9	8
5	4	9	6	3	7	1	8	2
1	7	2	9	4	8	6	5	3
6	3	8	1	5	2	4	7	9

51

3	8	1	9	4	7	2	6	5
4	2	9	5	1	6	8	7	3
5	6	7	3	2	8	1	4	9
1	4	2	8	7	9	3	5	6
6	5	8	1	3	4	7	9	2
7	9	3	2	6	5	4	8	1
2	7	4	6	9	3	5	1	8
9	1	5	4	8	2	6	3	7
8	3	6	7	5	1	9	2	4

52

2	8	5	4	6	9	1	3	7
4	7	6	3	1	5	2	8	9
3	9	1	7	2	8	4	5	6
5	4	8	9	3	7	6	2	1
9	3	2	1	8	6	5	7	4
1	6	7	5	4	2	8	9	3
8	2	4	6	7	3	9	1	5
6	5	3	2	9	1	7	4	8
7	1	9	8	5	4	3	6	2

53

4	6	2	1	9	5	8	7	3
1	9	8	3	6	7	4	2	5
3	5	7	4	2	8	9	6	1
2	8	4	6	5	3	1	9	7
5	7	6	9	4	1	3	8	2
9	1	3	8	7	2	5	4	6
7	3	1	2	8	4	6	5	9
8	2	9	5	3	6	7	1	4
6	4	5	7	1	9	2	3	8

54

4	9	8	1	6	3	2	5	7
6	3	5	7	9	2	4	1	8
1	2	7	5	8	4	6	9	3
9	6	2	8	4	7	5	3	1
7	8	4	3	5	1	9	6	2
5	1	3	6	2	9	8	7	4
3	5	6	4	1	8	7	2	9
8	7	9	2	3	5	1	4	6
2	4	1	9	7	6	3	8	5

55

9	7	5	6	2	1	3	8	4
6	3	8	4	9	5	1	2	7
1	4	2	8	3	7	6	9	5
4	8	6	3	7	9	2	5	1
5	2	9	1	6	4	8	7	3
7	1	3	2	5	8	4	6	9
8	6	7	5	1	3	9	4	2
2	9	1	7	4	6	5	3	8
3	5	4	9	8	2	7	1	6

56

5	6	9	1	3	7	4	8	2
2	3	8	4	5	9	7	1	6
1	7	4	6	2	8	3	9	5
8	5	3	7	4	6	1	2	9
9	2	1	5	8	3	6	4	7
7	4	6	2	9	1	8	5	3
4	9	7	3	1	2	5	6	8
3	1	2	8	6	5	9	7	4
6	8	5	9	7	4	2	3	1

57

6	8	5	2	3	1	4	9	7
4	3	7	8	5	9	1	2	6
9	1	2	7	4	6	3	8	5
2	6	3	4	1	8	7	5	9
1	5	4	9	6	7	2	3	8
8	7	9	3	2	5	6	4	1
7	4	6	5	9	3	8	1	2
3	9	8	1	7	2	5	6	4
5	2	1	6	8	4	9	7	3

58

3	5	8	4	2	1	6	9	7
6	2	9	7	5	3	1	8	4
4	7	1	9	8	6	2	3	5
2	8	5	6	1	7	9	4	3
9	3	6	8	4	5	7	2	1
7	1	4	3	9	2	5	6	8
1	9	2	5	3	4	8	7	6
8	6	3	1	7	9	4	5	2
5	4	7	2	6	8	3	1	9

59

8	7	1	3	2	6	5	9	4
9	6	3	7	5	4	2	1	8
5	4	2	9	1	8	3	6	7
3	1	6	5	8	9	7	4	2
4	9	5	2	3	7	6	8	1
7	2	8	6	4	1	9	5	3
6	3	4	8	9	2	1	7	5
1	5	7	4	6	3	8	2	9
2	8	9	1	7	5	4	3	6

60

8	9	1	2	4	6	7	3	5
7	5	4	3	8	1	9	6	2
6	2	3	5	7	9	8	4	1
4	3	5	1	9	2	6	7	8
2	8	6	4	3	7	1	5	9
9	1	7	6	5	8	3	2	4
3	4	8	7	1	5	2	9	6
5	6	9	8	2	3	4	1	7
1	7	2	9	6	4	5	8	3

Solutions 61–72

61

6	7	5	3	9	8	4	1	2
9	8	3	2	4	1	5	6	7
2	1	4	5	6	7	9	8	3
5	2	7	8	1	3	6	4	9
1	6	8	9	2	4	7	3	5
3	4	9	6	7	5	1	2	8
4	3	1	7	8	9	2	5	6
8	9	2	4	5	6	3	7	1
7	5	6	1	3	2	8	9	4

62

5	1	4	8	2	3	6	9	7
9	6	2	5	4	7	1	8	3
7	8	3	9	1	6	4	5	2
1	2	9	7	6	4	5	3	8
6	5	7	2	3	8	9	1	4
3	4	8	1	9	5	2	7	6
2	3	5	4	7	9	8	6	1
8	7	1	6	5	2	3	4	9
4	9	6	3	8	1	7	2	5

63

2	3	4	1	9	5	8	6	7
8	9	5	6	7	2	1	3	4
7	6	1	3	4	8	9	2	5
5	4	3	7	8	1	6	9	2
1	7	9	2	6	4	3	5	8
6	2	8	5	3	9	4	7	1
4	5	2	9	1	3	7	8	6
3	8	7	4	2	6	5	1	9
9	1	6	8	5	7	2	4	3

64

1	7	4	2	6	3	9	5	8
9	8	6	5	1	7	3	2	4
2	3	5	8	9	4	6	7	1
7	6	2	1	3	5	4	8	9
3	4	9	7	8	2	1	6	5
5	1	8	6	4	9	7	3	2
8	5	1	4	7	6	2	9	3
6	2	3	9	5	1	8	4	7
4	9	7	3	2	8	5	1	6

65

2	4	1	6	5	3	9	7	8
7	3	6	1	8	9	2	4	5
9	8	5	7	4	2	6	1	3
5	9	3	8	1	4	7	6	2
1	6	2	3	7	5	4	8	9
8	7	4	2	9	6	3	5	1
3	5	7	4	2	8	1	9	6
4	2	8	9	6	1	5	3	7
6	1	9	5	3	7	8	2	4

66

4	2	6	9	3	1	8	5	7
9	3	8	5	7	2	1	6	4
1	7	5	8	4	6	9	3	2
7	6	1	3	8	9	2	4	5
5	4	9	1	2	7	3	8	6
3	8	2	6	5	4	7	9	1
2	9	3	7	6	5	4	1	8
6	1	7	4	9	8	5	2	3
8	5	4	2	1	3	6	7	9

67

3	5	1	6	4	8	9	2	7
7	4	8	2	9	5	6	3	1
6	2	9	1	3	7	5	8	4
4	3	7	5	1	6	2	9	8
5	1	2	9	8	3	4	7	6
8	9	6	7	2	4	1	5	3
2	8	4	3	5	1	7	6	9
9	7	3	4	6	2	8	1	5
1	6	5	8	7	9	3	4	2

68

4	8	6	1	2	7	5	3	9
5	9	3	4	6	8	1	2	7
2	7	1	5	9	3	4	6	8
9	2	7	6	4	1	3	8	5
3	4	8	9	7	5	6	1	2
1	6	5	3	8	2	7	9	4
8	3	9	7	1	4	2	5	6
7	5	2	8	3	6	9	4	1
6	1	4	2	5	9	8	7	3

69

5	1	9	6	7	4	8	3	2
4	3	2	8	1	9	5	7	6
6	8	7	2	5	3	9	4	1
9	6	3	7	4	1	2	5	8
7	2	5	3	9	8	6	1	4
8	4	1	5	6	2	7	9	3
2	9	6	1	3	7	4	8	5
1	5	4	9	8	6	3	2	7
3	7	8	4	2	5	1	6	9

70

9	4	2	8	7	1	5	3	6
8	1	5	3	6	4	9	7	2
6	3	7	9	2	5	4	8	1
4	5	3	7	1	2	6	9	8
1	8	9	6	4	3	2	5	7
7	2	6	5	9	8	1	4	3
2	9	1	4	3	7	8	6	5
5	7	4	1	8	6	3	2	9
3	6	8	2	5	9	7	1	4

71

7	9	5	1	2	4	3	8	6
2	6	4	9	3	8	7	5	1
3	1	8	7	5	6	9	4	2
5	8	9	2	4	3	6	1	7
4	7	1	8	6	9	2	3	5
6	3	2	5	1	7	4	9	8
9	2	6	3	8	5	1	7	4
1	5	7	4	9	2	8	6	3
8	4	3	6	7	1	5	2	9

72

5	3	2	1	9	4	7	8	6
4	6	8	5	7	2	9	1	3
7	9	1	8	6	3	2	4	5
2	7	5	9	4	8	6	3	1
9	4	6	3	5	1	8	7	2
1	8	3	7	2	6	4	5	9
3	1	4	2	8	9	5	6	7
6	2	7	4	3	5	1	9	8
8	5	9	6	1	7	3	2	4

Solutions 73–84

73

3	7	2	5	6	4	8	1	9
8	9	4	3	2	1	7	6	5
1	6	5	7	8	9	2	3	4
4	3	7	2	1	5	9	8	6
6	1	9	8	3	7	4	5	2
5	2	8	4	9	6	1	7	3
2	8	1	9	5	3	6	4	7
9	4	3	6	7	8	5	2	1
7	5	6	1	4	2	3	9	8

74

8	4	9	7	3	5	6	2	1
7	3	2	8	6	1	9	5	4
5	1	6	2	4	9	8	3	7
6	7	4	5	2	8	1	9	3
1	5	8	4	9	3	2	7	6
9	2	3	1	7	6	5	4	8
4	8	7	6	5	2	3	1	9
3	6	5	9	1	7	4	8	2
2	9	1	3	8	4	7	6	5

75

9	7	5	1	8	4	2	3	6
4	8	1	3	6	2	9	5	7
3	2	6	7	9	5	4	1	8
8	3	7	4	1	9	6	2	5
6	5	4	2	3	7	1	8	9
1	9	2	6	5	8	7	4	3
5	1	3	9	4	6	8	7	2
7	6	8	5	2	1	3	9	4
2	4	9	8	7	3	5	6	1

76

7	8	1	9	3	5	4	2	6
5	4	9	6	2	1	3	7	8
3	6	2	7	4	8	9	1	5
1	9	8	3	5	4	7	6	2
6	5	4	2	9	7	8	3	1
2	7	3	8	1	6	5	9	4
4	3	7	1	8	2	6	5	9
8	1	6	5	7	9	2	4	3
9	2	5	4	6	3	1	8	7

77

1	9	7	8	3	4	6	2	5
4	5	8	6	2	7	1	3	9
3	2	6	5	1	9	4	8	7
9	8	5	1	7	6	2	4	3
7	1	3	4	5	2	8	9	6
2	6	4	9	8	3	5	7	1
6	4	2	7	9	5	3	1	8
5	7	1	3	4	8	9	6	2
8	3	9	2	6	1	7	5	4

78

3	7	8	2	4	5	9	6	1
5	1	9	8	6	3	7	4	2
6	2	4	9	7	1	3	8	5
9	8	2	5	1	7	4	3	6
7	5	6	4	3	9	2	1	8
4	3	1	6	8	2	5	9	7
8	6	7	3	2	4	1	5	9
2	4	5	1	9	8	6	7	3
1	9	3	7	5	6	8	2	4

79

8	7	5	1	9	2	6	4	3
4	1	9	3	7	6	5	2	8
2	3	6	5	8	4	1	7	9
9	6	8	4	3	7	2	1	5
1	2	4	6	5	9	8	3	7
3	5	7	2	1	8	4	9	6
7	9	2	8	6	1	3	5	4
5	8	1	7	4	3	9	6	2
6	4	3	9	2	5	7	8	1

80

1	3	5	7	8	2	6	4	9
7	9	8	6	3	4	1	5	2
2	4	6	5	9	1	8	7	3
8	7	3	1	4	5	9	2	6
9	1	2	3	6	7	5	8	4
5	6	4	9	2	8	7	3	1
6	8	7	2	1	3	4	9	5
4	2	1	8	5	9	3	6	7
3	5	9	4	7	6	2	1	8

81

2	3	9	1	6	8	5	4	7
7	8	4	5	9	2	3	6	1
1	5	6	4	7	3	9	2	8
4	9	1	2	8	5	6	7	3
5	2	7	6	3	1	8	9	4
8	6	3	7	4	9	2	1	5
6	1	2	8	5	7	4	3	9
9	4	8	3	1	6	7	5	2
3	7	5	9	2	4	1	8	6

82

1	2	9	3	4	5	7	6	8
5	6	7	2	8	9	4	1	3
8	3	4	1	6	7	9	5	2
3	7	2	5	1	4	8	9	6
9	8	5	7	3	6	1	2	4
4	1	6	9	2	8	5	3	7
6	5	8	4	9	2	3	7	1
7	4	1	6	5	3	2	8	9
2	9	3	8	7	1	6	4	5

83

6	4	7	1	5	8	9	2	3
9	5	8	4	2	3	7	6	1
3	2	1	9	7	6	5	8	4
7	1	2	6	9	4	3	5	8
8	9	6	5	3	7	4	1	2
4	3	5	8	1	2	6	9	7
2	6	9	3	4	1	8	7	5
1	8	3	7	6	5	2	4	9
5	7	4	2	8	9	1	3	6

84

4	5	7	3	9	6	2	8	1
8	2	9	5	4	1	7	6	3
6	3	1	7	2	8	4	5	9
3	9	8	2	1	7	6	4	5
2	7	6	4	3	5	9	1	8
1	4	5	8	6	9	3	7	2
5	8	4	9	7	2	1	3	6
9	1	3	6	5	4	8	2	7
7	6	2	1	8	3	5	9	4

Solutions 85–96

85

7	8	9	6	2	3	4	5	1
5	3	6	9	1	4	2	7	8
1	2	4	8	5	7	6	3	9
9	5	7	1	4	6	8	2	3
4	1	8	2	3	5	7	9	6
3	6	2	7	8	9	1	4	5
6	9	5	4	7	1	3	8	2
2	4	1	3	9	8	5	6	7
8	7	3	5	6	2	9	1	4

86

8	4	9	1	5	6	3	2	7
7	5	3	8	9	2	6	1	4
2	6	1	4	7	3	9	5	8
5	1	7	9	3	4	2	8	6
3	8	2	6	1	7	4	9	5
6	9	4	5	2	8	1	7	3
9	7	6	2	4	5	8	3	1
1	3	8	7	6	9	5	4	2
4	2	5	3	8	1	7	6	9

87

5	4	1	2	8	6	9	3	7
6	8	7	3	9	5	2	1	4
3	2	9	7	4	1	5	6	8
1	7	8	9	3	2	6	4	5
4	9	6	5	1	7	3	8	2
2	3	5	8	6	4	1	7	9
9	6	3	4	5	8	7	2	1
7	5	4	1	2	3	8	9	6
8	1	2	6	7	9	4	5	3

88

9	5	7	1	3	4	6	2	8
2	1	6	5	8	9	3	7	4
3	8	4	7	6	2	1	9	5
7	2	3	8	1	5	4	6	9
1	4	8	9	2	6	7	5	3
5	6	9	4	7	3	2	8	1
8	9	2	6	4	1	5	3	7
4	3	5	2	9	7	8	1	6
6	7	1	3	5	8	9	4	2

89

6	8	2	9	4	7	3	5	1
4	5	1	6	2	3	9	8	7
9	7	3	5	1	8	6	2	4
7	3	9	1	5	4	2	6	8
1	4	6	3	8	2	7	9	5
5	2	8	7	6	9	1	4	3
2	1	5	8	7	6	4	3	9
3	6	7	4	9	5	8	1	2
8	9	4	2	3	1	5	7	6

90

5	3	6	1	8	4	7	9	2
4	7	2	6	9	3	8	5	1
9	1	8	2	5	7	3	4	6
7	8	9	3	6	5	1	2	4
6	5	3	4	2	1	9	7	8
1	2	4	9	7	8	5	6	3
3	9	1	5	4	2	6	8	7
8	4	5	7	1	6	2	3	9
2	6	7	8	3	9	4	1	5

91

4	9	5	6	1	7	2	3	8
7	6	2	5	8	3	4	1	9
8	1	3	2	4	9	7	6	5
3	4	9	7	2	5	6	8	1
2	5	1	8	3	6	9	4	7
6	8	7	4	9	1	5	2	3
1	2	4	9	5	8	3	7	6
9	7	8	3	6	2	1	5	4
5	3	6	1	7	4	8	9	2

92

8	6	5	4	9	1	7	2	3
4	1	9	3	2	7	8	5	6
7	2	3	8	6	5	4	1	9
1	8	2	9	3	4	5	6	7
6	9	7	5	8	2	3	4	1
3	5	4	7	1	6	9	8	2
2	7	8	1	5	3	6	9	4
5	4	6	2	7	9	1	3	8
9	3	1	6	4	8	2	7	5

93

1	7	2	3	4	6	5	8	9
9	8	3	7	2	5	1	6	4
6	5	4	1	9	8	3	7	2
8	9	1	6	7	4	2	3	5
3	6	7	2	5	9	8	4	1
4	2	5	8	1	3	6	9	7
2	1	8	4	3	7	9	5	6
5	4	6	9	8	2	7	1	3
7	3	9	5	6	1	4	2	8

94

8	4	3	6	7	9	5	1	2
5	6	7	2	4	1	9	3	8
9	1	2	3	5	8	4	7	6
4	3	5	9	8	6	7	2	1
2	8	9	1	3	7	6	5	4
1	7	6	5	2	4	3	8	9
3	9	1	7	6	2	8	4	5
7	2	4	8	9	5	1	6	3
6	5	8	4	1	3	2	9	7

95

5	4	9	6	1	7	8	3	2
7	2	1	3	4	8	5	6	9
6	3	8	5	2	9	1	4	7
9	6	4	7	8	3	2	5	1
3	1	5	2	9	6	7	8	4
8	7	2	4	5	1	3	9	6
2	8	6	1	3	4	9	7	5
1	9	7	8	6	5	4	2	3
4	5	3	9	7	2	6	1	8

96

8	4	2	5	6	1	3	9	7
3	7	1	9	8	4	2	6	5
5	9	6	3	7	2	8	1	4
1	5	8	7	4	6	9	3	2
4	2	7	8	3	9	1	5	6
9	6	3	2	1	5	4	7	8
6	3	4	1	2	7	5	8	9
2	1	5	6	9	8	7	4	3
7	8	9	4	5	3	6	2	1

Solutions 97–108

97

4	8	9	3	1	6	7	2	5
6	3	7	8	5	2	9	1	4
5	1	2	7	4	9	8	3	6
9	6	5	1	3	4	2	8	7
7	2	1	9	8	5	4	6	3
3	4	8	2	6	7	5	9	1
8	7	4	6	9	3	1	5	2
1	5	6	4	2	8	3	7	9
2	9	3	5	7	1	6	4	8

98

8	1	5	4	2	3	9	7	6
9	6	4	5	8	7	1	2	3
7	2	3	1	6	9	4	5	8
6	7	1	3	9	8	5	4	2
3	9	8	2	5	4	6	1	7
5	4	2	7	1	6	8	3	9
4	3	6	8	7	5	2	9	1
2	8	7	9	4	1	3	6	5
1	5	9	6	3	2	7	8	4

99

7	9	4	1	8	2	3	6	5
6	3	5	7	4	9	8	1	2
1	8	2	6	5	3	7	9	4
3	1	9	2	7	8	4	5	6
5	2	8	4	9	6	1	3	7
4	7	6	5	3	1	9	2	8
8	4	3	9	2	5	6	7	1
9	5	1	8	6	7	2	4	3
2	6	7	3	1	4	5	8	9

100

6	9	3	4	7	2	8	5	1
7	1	2	9	5	8	6	4	3
5	8	4	1	6	3	7	2	9
1	6	9	3	4	7	2	8	5
2	7	8	5	9	1	4	3	6
4	3	5	2	8	6	9	1	7
8	5	1	6	2	9	3	7	4
3	2	6	7	1	4	5	9	8
9	4	7	8	3	5	1	6	2

101

4	5	3	6	2	1	9	7	8
7	8	6	3	9	4	5	2	1
2	1	9	5	8	7	4	6	3
1	6	5	9	3	2	8	4	7
3	2	4	1	7	8	6	5	9
8	9	7	4	6	5	3	1	2
9	4	2	8	1	6	7	3	5
5	3	1	7	4	9	2	8	6
6	7	8	2	5	3	1	9	4

102

9	5	3	8	7	6	2	4	1
8	1	7	3	4	2	9	5	6
2	6	4	9	1	5	7	8	3
3	4	8	2	5	7	1	6	9
1	7	2	4	6	9	8	3	5
6	9	5	1	8	3	4	2	7
7	8	1	6	3	4	5	9	2
4	2	6	5	9	1	3	7	8
5	3	9	7	2	8	6	1	4

103

9	5	2	6	8	3	7	4	1
3	6	7	2	1	4	8	9	5
4	1	8	9	7	5	6	3	2
7	9	4	5	2	6	1	8	3
2	3	1	8	4	9	5	7	6
5	8	6	1	3	7	4	2	9
1	7	3	4	6	2	9	5	8
6	2	5	7	9	8	3	1	4
8	4	9	3	5	1	2	6	7

104

2	8	3	5	4	7	6	9	1
6	1	5	2	9	3	7	8	4
7	9	4	8	1	6	2	3	5
8	7	2	3	6	4	5	1	9
4	6	9	1	8	5	3	2	7
3	5	1	7	2	9	8	4	6
9	2	8	6	7	1	4	5	3
5	4	6	9	3	2	1	7	8
1	3	7	4	5	8	9	6	2

105

5	6	3	7	1	9	4	2	8
8	9	4	6	2	5	7	1	3
1	2	7	4	3	8	6	5	9
6	3	9	8	5	4	2	7	1
7	8	1	2	9	6	5	3	4
2	4	5	1	7	3	9	8	6
3	5	6	9	8	2	1	4	7
9	1	2	3	4	7	8	6	5
4	7	8	5	6	1	3	9	2

106

4	8	9	5	6	2	3	1	7
3	2	1	7	4	8	5	9	6
5	6	7	1	3	9	4	2	8
8	1	6	9	5	7	2	4	3
9	5	2	4	8	3	7	6	1
7	4	3	2	1	6	9	8	5
2	3	8	6	7	4	1	5	9
6	9	5	3	2	1	8	7	4
1	7	4	8	9	5	6	3	2

107

3	1	8	2	4	5	9	6	7
6	9	2	1	7	3	8	5	4
4	7	5	9	8	6	3	2	1
1	8	4	3	2	9	6	7	5
5	2	3	7	6	1	4	8	9
9	6	7	4	5	8	1	3	2
7	4	1	8	3	2	5	9	6
8	5	9	6	1	7	2	4	3
2	3	6	5	9	4	7	1	8

108

7	8	3	6	9	2	5	4	1
1	6	5	7	8	4	9	2	3
4	2	9	3	1	5	7	6	8
8	9	6	1	5	7	4	3	2
2	4	1	9	3	8	6	7	5
5	3	7	2	4	6	1	8	9
6	5	2	8	7	1	3	9	4
3	7	4	5	2	9	8	1	6
9	1	8	4	6	3	2	5	7

Solutions 109–120

109

4	9	2	7	8	1	6	3	5
1	6	8	3	9	5	4	7	2
7	5	3	6	2	4	1	9	8
5	2	4	1	3	6	9	8	7
6	3	1	9	7	8	2	5	4
9	8	7	4	5	2	3	6	1
2	7	9	8	1	3	5	4	6
8	1	6	5	4	9	7	2	3
3	4	5	2	6	7	8	1	9

110

4	5	1	7	9	2	6	8	3
7	3	8	6	4	1	9	2	5
6	9	2	8	5	3	7	1	4
9	8	6	5	2	7	3	4	1
5	1	4	9	3	6	2	7	8
2	7	3	4	1	8	5	9	6
3	4	7	2	8	5	1	6	9
1	6	9	3	7	4	8	5	2
8	2	5	1	6	9	4	3	7

111

5	7	1	8	9	4	2	6	3
9	4	3	1	6	2	7	5	8
2	8	6	5	7	3	4	1	9
8	6	7	3	1	5	9	4	2
3	9	2	6	4	8	1	7	5
4	1	5	9	2	7	8	3	6
1	5	4	2	3	9	6	8	7
6	3	9	7	8	1	5	2	4
7	2	8	4	5	6	3	9	1

112

4	8	5	3	6	1	7	2	9
3	9	7	5	2	4	6	1	8
1	2	6	9	8	7	4	5	3
7	6	1	4	5	9	8	3	2
8	5	3	6	1	2	9	7	4
9	4	2	8	7	3	5	6	1
6	3	8	1	4	5	2	9	7
2	1	4	7	9	6	3	8	5
5	7	9	2	3	8	1	4	6

113

5	9	1	6	4	2	7	3	8
7	2	3	8	5	9	6	1	4
6	8	4	7	1	3	5	2	9
9	1	5	2	6	7	4	8	3
3	4	8	1	9	5	2	6	7
2	7	6	4	3	8	9	5	1
8	5	2	9	7	1	3	4	6
1	6	7	3	2	4	8	9	5
4	3	9	5	8	6	1	7	2

114

7	5	8	4	2	1	6	9	3
9	1	2	3	7	6	5	4	8
3	6	4	9	8	5	7	2	1
8	7	1	5	6	4	9	3	2
4	2	5	7	3	9	8	1	6
6	9	3	8	1	2	4	7	5
5	3	7	2	4	8	1	6	9
2	8	6	1	9	7	3	5	4
1	4	9	6	5	3	2	8	7

115

1	8	2	5	9	7	3	6	4
6	3	5	4	8	2	7	1	9
7	9	4	3	1	6	8	5	2
2	1	7	8	5	4	6	9	3
3	5	9	6	7	1	4	2	8
8	4	6	2	3	9	1	7	5
5	2	3	1	6	8	9	4	7
4	7	1	9	2	3	5	8	6
9	6	8	7	4	5	2	3	1

116

8	9	7	1	2	3	5	4	6
2	5	3	8	4	6	1	9	7
6	4	1	9	5	7	8	3	2
3	2	6	7	8	9	4	1	5
5	1	9	2	6	4	3	7	8
4	7	8	3	1	5	2	6	9
9	8	2	6	3	1	7	5	4
1	6	5	4	7	8	9	2	3
7	3	4	5	9	2	6	8	1

117

4	3	2	6	1	5	8	9	7
1	7	8	4	9	2	5	6	3
6	9	5	8	7	3	1	2	4
3	1	9	7	2	8	6	4	5
8	4	7	1	5	6	2	3	9
5	2	6	3	4	9	7	1	8
9	8	1	2	3	7	4	5	6
2	6	3	5	8	4	9	7	1
7	5	4	9	6	1	3	8	2

118

1	4	2	9	6	8	7	3	5
3	6	5	7	2	4	8	9	1
8	7	9	1	5	3	6	4	2
7	2	6	8	3	5	4	1	9
9	8	3	4	1	2	5	7	6
5	1	4	6	9	7	2	8	3
6	9	7	5	4	1	3	2	8
4	3	1	2	8	6	9	5	7
2	5	8	3	7	9	1	6	4

119

9	6	5	7	8	3	4	2	1
8	3	4	1	2	9	6	7	5
2	1	7	5	6	4	8	9	3
7	9	8	6	4	1	5	3	2
4	5	1	3	7	2	9	6	8
3	2	6	8	9	5	7	1	4
5	4	9	2	1	6	3	8	7
1	7	3	9	5	8	2	4	6
6	8	2	4	3	7	1	5	9

120

2	4	3	9	5	8	7	1	6
7	8	5	3	6	1	2	9	4
6	9	1	7	2	4	8	3	5
8	6	9	5	4	3	1	2	7
1	2	4	6	9	7	3	5	8
3	5	7	8	1	2	4	6	9
5	7	8	1	3	9	6	4	2
9	1	2	4	7	6	5	8	3
4	3	6	2	8	5	9	7	1

Solutions 121–132

121

6	2	3	8	4	1	9	7	5
5	9	8	2	6	7	3	4	1
7	4	1	5	9	3	2	6	8
2	1	4	7	3	5	8	9	6
9	5	7	1	8	6	4	2	3
8	3	6	4	2	9	1	5	7
1	8	2	6	7	4	5	3	9
3	7	5	9	1	2	6	8	4
4	6	9	3	5	8	7	1	2

122

2	7	6	5	3	8	1	9	4
1	3	8	6	4	9	7	5	2
4	5	9	1	7	2	8	6	3
3	1	2	4	6	5	9	8	7
9	6	5	3	8	7	2	4	1
8	4	7	2	9	1	5	3	6
6	2	1	8	5	3	4	7	9
5	9	4	7	2	6	3	1	8
7	8	3	9	1	4	6	2	5

123

4	3	2	7	6	5	8	1	9
9	7	8	2	1	4	3	5	6
6	1	5	8	3	9	4	2	7
7	2	4	9	8	3	5	6	1
5	6	1	4	7	2	9	8	3
3	8	9	6	5	1	7	4	2
8	4	6	1	9	7	2	3	5
2	9	3	5	4	6	1	7	8
1	5	7	3	2	8	6	9	4

124

7	5	6	9	8	3	2	1	4
8	3	4	2	1	7	9	6	5
9	1	2	5	4	6	8	7	3
1	4	8	6	2	5	7	3	9
5	9	7	1	3	4	6	8	2
2	6	3	7	9	8	4	5	1
4	2	5	8	6	1	3	9	7
3	8	1	4	7	9	5	2	6
6	7	9	3	5	2	1	4	8

125

2	7	1	9	4	8	6	3	5
8	4	9	6	5	3	2	7	1
5	3	6	1	7	2	4	9	8
9	6	2	5	8	1	3	4	7
3	5	8	4	2	7	1	6	9
7	1	4	3	6	9	5	8	2
1	9	5	7	3	6	8	2	4
4	8	3	2	9	5	7	1	6
6	2	7	8	1	4	9	5	3

126

7	9	5	8	3	6	4	1	2
1	4	3	9	2	7	6	5	8
2	6	8	4	5	1	3	7	9
8	7	1	5	6	9	2	4	3
9	5	4	2	1	3	8	6	7
3	2	6	7	4	8	5	9	1
6	8	2	1	9	4	7	3	5
4	1	7	3	8	5	9	2	6
5	3	9	6	7	2	1	8	4

127

1	6	5	8	9	3	2	4	7
9	8	3	7	4	2	5	1	6
7	2	4	6	5	1	3	9	8
6	3	9	5	1	4	8	7	2
4	7	2	9	6	8	1	5	3
5	1	8	2	3	7	9	6	4
8	4	1	3	7	5	6	2	9
2	5	6	4	8	9	7	3	1
3	9	7	1	2	6	4	8	5

128

4	8	2	7	9	6	1	3	5
1	3	7	5	4	2	6	9	8
9	5	6	3	8	1	7	4	2
6	7	5	8	1	4	3	2	9
8	9	4	6	2	3	5	7	1
2	1	3	9	7	5	8	6	4
3	6	8	2	5	9	4	1	7
5	2	1	4	6	7	9	8	3
7	4	9	1	3	8	2	5	6

129

5	8	4	3	2	1	7	6	9
1	7	6	9	4	8	2	5	3
2	3	9	5	7	6	4	1	8
4	9	8	2	1	5	3	7	6
7	6	1	8	3	4	5	9	2
3	5	2	6	9	7	1	8	4
9	4	7	1	6	2	8	3	5
8	2	3	7	5	9	6	4	1
6	1	5	4	8	3	9	2	7

130

2	4	1	9	3	7	6	5	8
3	5	7	6	8	4	1	2	9
6	9	8	1	5	2	7	3	4
4	6	9	8	7	5	2	1	3
1	2	5	4	6	3	8	9	7
7	8	3	2	9	1	4	6	5
8	1	2	5	4	9	3	7	6
9	3	6	7	1	8	5	4	2
5	7	4	3	2	6	9	8	1

131

8	9	5	3	4	2	7	6	1
1	7	2	9	8	6	5	4	3
6	4	3	1	5	7	2	9	8
9	2	7	5	3	4	1	8	6
3	1	6	8	7	9	4	2	5
4	5	8	2	6	1	9	3	7
7	8	9	6	2	5	3	1	4
5	6	1	4	9	3	8	7	2
2	3	4	7	1	8	6	5	9

132

4	2	9	7	5	6	3	1	8
7	6	1	9	3	8	2	4	5
3	5	8	4	2	1	7	9	6
5	8	4	3	6	9	1	2	7
1	3	6	8	7	2	4	5	9
9	7	2	1	4	5	8	6	3
6	1	7	2	9	3	5	8	4
8	4	5	6	1	7	9	3	2
2	9	3	5	8	4	6	7	1

Solutions 133–144

133

7	8	3	1	5	4	9	2	6
2	5	6	8	9	3	7	1	4
9	1	4	6	2	7	5	3	8
3	2	9	4	1	8	6	5	7
1	4	5	9	7	6	2	8	3
8	6	7	2	3	5	1	4	9
4	7	2	5	8	9	3	6	1
5	3	8	7	6	1	4	9	2
6	9	1	3	4	2	8	7	5

134

4	2	1	6	8	3	5	9	7
9	8	7	5	4	1	2	6	3
3	5	6	7	9	2	4	1	8
8	4	5	1	7	9	6	3	2
1	7	3	8	2	6	9	5	4
6	9	2	3	5	4	8	7	1
7	6	9	4	3	8	1	2	5
5	1	4	2	6	7	3	8	9
2	3	8	9	1	5	7	4	6

135

8	4	1	7	9	5	2	3	6
5	7	3	2	6	4	8	9	1
6	9	2	8	1	3	7	5	4
2	5	7	9	4	1	6	8	3
1	6	8	3	5	2	4	7	9
9	3	4	6	8	7	1	2	5
3	8	9	4	2	6	5	1	7
7	1	6	5	3	8	9	4	2
4	2	5	1	7	9	3	6	8

136

9	8	6	7	3	5	1	4	2
2	3	5	9	4	1	8	6	7
4	1	7	8	6	2	3	9	5
6	2	4	1	7	9	5	3	8
8	7	3	6	5	4	2	1	9
5	9	1	3	2	8	4	7	6
3	6	8	5	1	7	9	2	4
1	4	9	2	8	6	7	5	3
7	5	2	4	9	3	6	8	1

137

8	9	2	5	6	4	1	3	7
1	7	6	9	8	3	4	5	2
5	3	4	1	7	2	9	6	8
9	1	3	7	5	6	2	8	4
7	4	5	3	2	8	6	1	9
6	2	8	4	1	9	3	7	5
4	8	7	2	3	1	5	9	6
3	5	9	6	4	7	8	2	1
2	6	1	8	9	5	7	4	3

138

3	5	4	8	6	7	1	9	2
1	2	6	9	4	3	5	8	7
9	8	7	1	5	2	6	4	3
7	1	9	4	2	8	3	6	5
6	4	2	3	9	5	7	1	8
5	3	8	7	1	6	9	2	4
2	7	3	6	8	1	4	5	9
8	9	1	5	3	4	2	7	6
4	6	5	2	7	9	8	3	1

139

4	2	6	3	7	9	5	1	8
3	8	5	2	6	1	9	4	7
7	9	1	5	4	8	6	3	2
9	1	3	8	2	5	4	7	6
5	6	2	7	1	4	8	9	3
8	4	7	6	9	3	1	2	5
6	3	9	1	8	7	2	5	4
2	5	4	9	3	6	7	8	1
1	7	8	4	5	2	3	6	9

140

1	2	6	7	5	8	9	4	3
3	4	5	1	2	9	6	7	8
9	8	7	3	4	6	5	1	2
8	5	9	6	7	1	3	2	4
6	7	2	4	8	3	1	9	5
4	3	1	2	9	5	8	6	7
2	1	3	8	6	4	7	5	9
7	9	8	5	1	2	4	3	6
5	6	4	9	3	7	2	8	1

141

1	6	3	8	4	7	2	5	9
8	9	5	1	6	2	3	4	7
4	2	7	3	9	5	8	1	6
6	5	8	7	2	1	9	3	4
3	4	9	5	8	6	1	7	2
2	7	1	9	3	4	6	8	5
5	1	6	2	7	3	4	9	8
7	8	4	6	1	9	5	2	3
9	3	2	4	5	8	7	6	1

142

7	3	1	5	2	9	4	6	8
6	5	4	3	1	8	2	9	7
8	9	2	6	4	7	3	1	5
2	7	5	8	3	6	1	4	9
4	1	3	9	7	2	8	5	6
9	8	6	4	5	1	7	2	3
1	6	9	7	8	4	5	3	2
3	2	8	1	6	5	9	7	4
5	4	7	2	9	3	6	8	1

143

6	7	2	1	8	3	9	5	4
8	5	9	6	7	4	3	1	2
1	4	3	9	2	5	8	7	6
2	6	1	7	5	8	4	3	9
7	9	8	3	4	1	6	2	5
4	3	5	2	9	6	7	8	1
5	8	7	4	6	2	1	9	3
3	2	4	8	1	9	5	6	7
9	1	6	5	3	7	2	4	8

144

7	9	6	3	8	2	4	5	1
5	4	3	9	6	1	2	7	8
2	1	8	7	4	5	6	3	9
1	2	7	8	9	4	3	6	5
3	8	9	5	2	6	1	4	7
4	6	5	1	7	3	8	9	2
9	5	2	6	3	8	7	1	4
6	7	4	2	1	9	5	8	3
8	3	1	4	5	7	9	2	6

Solutions 145–156

145

8	4	9	5	6	3	7	1	2
1	7	3	2	8	4	6	5	9
5	6	2	1	7	9	4	8	3
4	9	6	7	2	5	1	3	8
2	1	7	9	3	8	5	4	6
3	5	8	6	4	1	9	2	7
7	8	4	3	5	6	2	9	1
6	3	1	4	9	2	8	7	5
9	2	5	8	1	7	3	6	4

146

5	6	4	7	2	9	8	3	1
1	8	3	4	5	6	7	9	2
2	7	9	1	3	8	5	4	6
4	2	1	3	9	7	6	5	8
8	3	7	6	1	5	4	2	9
9	5	6	2	8	4	3	1	7
6	9	2	5	7	3	1	8	4
3	4	8	9	6	1	2	7	5
7	1	5	8	4	2	9	6	3

147

8	3	4	2	7	9	5	6	1
2	6	1	8	5	3	9	4	7
5	9	7	4	6	1	2	3	8
1	4	8	5	2	7	3	9	6
3	2	6	9	1	8	4	7	5
9	7	5	6	3	4	8	1	2
7	1	2	3	9	5	6	8	4
4	5	9	7	8	6	1	2	3
6	8	3	1	4	2	7	5	9

148

4	9	3	7	2	5	6	8	1
5	6	8	9	4	1	7	2	3
7	1	2	8	6	3	4	9	5
6	3	9	5	7	4	2	1	8
8	2	5	6	1	9	3	7	4
1	4	7	3	8	2	5	6	9
2	7	1	4	5	8	9	3	6
3	8	4	2	9	6	1	5	7
9	5	6	1	3	7	8	4	2

149

6	8	4	5	9	3	2	1	7
1	2	7	6	4	8	3	5	9
9	5	3	7	2	1	6	8	4
8	6	1	2	3	7	9	4	5
2	4	5	9	8	6	7	3	1
7	3	9	1	5	4	8	6	2
3	7	2	4	6	5	1	9	8
4	1	6	8	7	9	5	2	3
5	9	8	3	1	2	4	7	6

150

1	5	2	4	6	9	8	7	3
6	3	8	7	2	1	5	9	4
7	9	4	8	3	5	1	6	2
3	1	7	5	9	6	2	4	8
2	4	9	3	1	8	6	5	7
5	8	6	2	7	4	3	1	9
4	7	5	6	8	3	9	2	1
8	2	1	9	5	7	4	3	6
9	6	3	1	4	2	7	8	5

151

2	7	5	1	3	6	4	9	8
4	3	1	9	8	2	5	6	7
8	9	6	4	5	7	2	1	3
3	1	2	8	6	5	9	7	4
5	4	9	2	7	1	8	3	6
7	6	8	3	9	4	1	2	5
1	5	4	6	2	3	7	8	9
6	8	7	5	1	9	3	4	2
9	2	3	7	4	8	6	5	1

152

9	7	5	3	8	6	4	2	1
2	8	4	1	7	9	3	5	6
3	6	1	5	2	4	9	8	7
4	2	8	7	5	1	6	3	9
6	1	7	9	3	8	5	4	2
5	3	9	4	6	2	1	7	8
1	4	2	8	9	5	7	6	3
7	9	6	2	4	3	8	1	5
8	5	3	6	1	7	2	9	4

153

5	8	6	7	3	1	4	2	9
2	1	3	6	4	9	5	8	7
9	7	4	2	8	5	1	6	3
7	4	9	1	5	6	8	3	2
3	6	8	4	9	2	7	5	1
1	2	5	3	7	8	6	9	4
6	9	7	8	1	3	2	4	5
8	3	1	5	2	4	9	7	6
4	5	2	9	6	7	3	1	8

154

6	3	7	9	4	5	1	2	8
9	4	1	2	3	8	5	7	6
2	8	5	7	6	1	9	3	4
3	2	6	1	5	4	7	8	9
4	7	9	8	2	3	6	5	1
5	1	8	6	9	7	3	4	2
8	6	4	5	7	9	2	1	3
1	5	2	3	8	6	4	9	7
7	9	3	4	1	2	8	6	5

155

9	3	7	6	8	5	1	2	4
5	6	8	4	1	2	7	9	3
4	2	1	7	3	9	5	8	6
1	8	6	3	4	7	9	5	2
7	4	5	2	9	8	6	3	1
2	9	3	1	5	6	4	7	8
8	1	2	5	7	4	3	6	9
3	5	9	8	6	1	2	4	7
6	7	4	9	2	3	8	1	5

156

4	6	7	3	2	9	5	8	1
9	1	3	4	8	5	2	7	6
5	2	8	7	1	6	9	3	4
3	4	9	5	7	2	6	1	8
6	7	2	1	3	8	4	9	5
1	8	5	9	6	4	3	2	7
7	9	6	2	4	1	8	5	3
8	5	1	6	9	3	7	4	2
2	3	4	8	5	7	1	6	9

Solutions 157–168

157

8	5	3	7	2	6	9	1	4
7	9	4	8	5	1	2	6	3
2	1	6	3	4	9	8	7	5
5	4	7	2	8	3	1	9	6
9	3	2	6	1	7	5	4	8
1	6	8	4	9	5	7	3	2
4	7	1	5	6	2	3	8	9
6	2	9	1	3	8	4	5	7
3	8	5	9	7	4	6	2	1

158

3	1	5	2	6	4	8	7	9
9	8	4	3	7	5	6	1	2
2	7	6	9	8	1	4	3	5
7	4	9	1	3	8	5	2	6
6	2	1	5	9	7	3	4	8
5	3	8	6	4	2	1	9	7
4	5	3	8	2	9	7	6	1
1	6	2	7	5	3	9	8	4
8	9	7	4	1	6	2	5	3

159

5	6	1	4	7	2	3	8	9
4	2	8	3	6	9	1	5	7
9	7	3	8	1	5	2	4	6
8	4	2	1	9	7	6	3	5
1	3	9	5	8	6	7	2	4
6	5	7	2	4	3	9	1	8
3	9	4	6	2	8	5	7	1
7	8	5	9	3	1	4	6	2
2	1	6	7	5	4	8	9	3

160

5	9	4	7	8	3	1	6	2
2	6	8	1	5	9	3	7	4
3	1	7	2	6	4	8	9	5
9	4	3	5	7	1	2	8	6
7	8	5	6	9	2	4	1	3
6	2	1	4	3	8	9	5	7
1	3	6	8	2	5	7	4	9
4	7	9	3	1	6	5	2	8
8	5	2	9	4	7	6	3	1

161

8	4	1	7	3	2	6	9	5
6	3	7	1	9	5	4	2	8
2	5	9	4	8	6	1	7	3
3	2	6	5	1	7	8	4	9
1	8	5	9	4	3	7	6	2
9	7	4	6	2	8	5	3	1
7	6	3	8	5	9	2	1	4
5	1	2	3	6	4	9	8	7
4	9	8	2	7	1	3	5	6

162

9	2	7	8	4	1	3	6	5
8	1	5	3	9	6	7	2	4
4	6	3	2	5	7	1	8	9
3	7	8	5	6	9	2	4	1
6	5	9	1	2	4	8	3	7
2	4	1	7	8	3	9	5	6
5	3	4	9	7	8	6	1	2
7	8	6	4	1	2	5	9	3
1	9	2	6	3	5	4	7	8

163

7	2	3	1	8	5	9	4	6
5	8	4	6	9	2	3	1	7
9	1	6	4	7	3	5	2	8
1	9	7	8	5	4	2	6	3
4	5	2	3	1	6	7	8	9
6	3	8	7	2	9	4	5	1
3	4	1	2	6	7	8	9	5
8	7	9	5	4	1	6	3	2
2	6	5	9	3	8	1	7	4

164

8	5	6	3	7	9	2	4	1
2	7	4	8	6	1	3	9	5
3	9	1	4	2	5	6	7	8
1	6	2	7	5	3	9	8	4
9	3	7	1	8	4	5	6	2
4	8	5	6	9	2	7	1	3
6	1	3	2	4	7	8	5	9
5	2	8	9	1	6	4	3	7
7	4	9	5	3	8	1	2	6

165

7	6	5	3	2	8	9	4	1
9	4	8	6	5	1	2	7	3
1	2	3	7	9	4	8	6	5
5	9	6	1	4	3	7	8	2
3	8	2	9	6	7	5	1	4
4	1	7	5	8	2	6	3	9
2	7	1	8	3	5	4	9	6
6	3	4	2	7	9	1	5	8
8	5	9	4	1	6	3	2	7

166

7	2	4	6	9	5	3	1	8
5	6	8	2	3	1	7	9	4
3	9	1	4	8	7	6	2	5
6	7	3	5	2	4	9	8	1
9	8	5	3	1	6	4	7	2
1	4	2	8	7	9	5	3	6
4	3	7	1	6	8	2	5	9
2	1	6	9	5	3	8	4	7
8	5	9	7	4	2	1	6	3

167

2	7	8	9	1	6	3	4	5
1	3	5	7	4	8	2	6	9
4	6	9	3	5	2	7	8	1
8	2	3	4	7	1	9	5	6
9	1	7	6	8	5	4	2	3
5	4	6	2	9	3	1	7	8
3	5	4	1	6	7	8	9	2
7	8	1	5	2	9	6	3	4
6	9	2	8	3	4	5	1	7

168

8	7	2	3	4	5	1	6	9
6	5	3	9	1	2	8	4	7
1	9	4	7	6	8	2	3	5
4	2	7	1	3	9	6	5	8
3	1	9	5	8	6	4	7	2
5	6	8	2	7	4	3	9	1
9	8	5	4	2	3	7	1	6
7	4	6	8	5	1	9	2	3
2	3	1	6	9	7	5	8	4

Solutions 169–180

169

3	4	9	6	7	8	5	2	1
2	5	6	4	1	9	8	7	3
7	1	8	3	2	5	6	4	9
9	6	1	7	8	2	4	3	5
4	2	3	1	5	6	7	9	8
8	7	5	9	4	3	2	1	6
6	8	7	2	3	1	9	5	4
5	3	4	8	9	7	1	6	2
1	9	2	5	6	4	3	8	7

170

5	4	8	9	2	6	3	1	7
6	1	7	8	5	3	2	9	4
3	2	9	1	4	7	8	6	5
8	7	4	6	9	2	5	3	1
1	5	6	7	3	8	9	4	2
2	9	3	4	1	5	7	8	6
7	8	1	5	6	9	4	2	3
9	6	2	3	7	4	1	5	8
4	3	5	2	8	1	6	7	9

171

2	4	7	5	6	3	9	8	1
9	3	6	1	8	2	4	7	5
5	8	1	4	9	7	3	6	2
4	6	3	9	2	1	8	5	7
1	7	5	3	4	8	6	2	9
8	2	9	6	7	5	1	3	4
3	5	8	7	1	9	2	4	6
7	1	4	2	3	6	5	9	8
6	9	2	8	5	4	7	1	3

172

8	1	5	9	7	2	4	6	3
6	3	9	4	8	1	7	5	2
2	4	7	5	6	3	8	1	9
1	5	6	2	4	9	3	8	7
4	9	8	3	1	7	6	2	5
7	2	3	6	5	8	1	9	4
5	8	2	7	3	6	9	4	1
9	7	1	8	2	4	5	3	6
3	6	4	1	9	5	2	7	8

173

2	6	9	3	5	8	7	4	1
3	1	7	9	4	2	6	8	5
8	5	4	1	7	6	9	3	2
6	8	2	4	3	1	5	7	9
5	4	1	8	9	7	2	6	3
7	9	3	2	6	5	8	1	4
9	7	8	5	1	3	4	2	6
4	3	6	7	2	9	1	5	8
1	2	5	6	8	4	3	9	7

174

9	1	3	8	7	4	2	5	6
7	8	5	2	3	6	4	1	9
4	6	2	1	5	9	3	8	7
1	2	9	6	4	5	8	7	3
6	3	7	9	8	2	5	4	1
8	5	4	7	1	3	9	6	2
2	7	8	4	9	1	6	3	5
3	4	6	5	2	7	1	9	8
5	9	1	3	6	8	7	2	4

175

7	2	5	9	4	8	6	1	3
6	4	8	2	1	3	9	7	5
1	9	3	5	7	6	8	2	4
5	8	7	3	2	4	1	6	9
4	1	9	7	6	5	3	8	2
2	3	6	1	8	9	4	5	7
8	6	2	4	9	7	5	3	1
3	7	4	6	5	1	2	9	8
9	5	1	8	3	2	7	4	6

176

4	2	7	9	8	3	6	5	1
9	8	3	5	6	1	7	2	4
6	1	5	4	7	2	8	9	3
1	4	2	7	3	5	9	8	6
5	7	9	6	4	8	3	1	2
3	6	8	1	2	9	5	4	7
8	5	6	3	1	4	2	7	9
7	9	1	2	5	6	4	3	8
2	3	4	8	9	7	1	6	5

177

7	3	9	2	4	8	6	5	1
2	8	5	6	3	1	4	7	9
1	4	6	7	5	9	3	8	2
5	9	4	3	6	2	7	1	8
3	1	2	8	7	5	9	6	4
8	6	7	1	9	4	2	3	5
9	7	1	4	8	3	5	2	6
4	2	3	5	1	6	8	9	7
6	5	8	9	2	7	1	4	3

178

6	4	3	8	2	9	7	5	1
1	7	8	5	4	6	9	2	3
5	2	9	3	7	1	4	6	8
2	9	7	6	1	8	5	3	4
8	1	5	4	9	3	6	7	2
3	6	4	2	5	7	8	1	9
7	3	2	9	6	4	1	8	5
4	8	6	1	3	5	2	9	7
9	5	1	7	8	2	3	4	6

179

8	2	9	4	3	7	5	6	1
4	3	7	1	5	6	8	2	9
1	6	5	8	2	9	4	3	7
9	7	3	2	4	1	6	8	5
5	1	4	3	6	8	9	7	2
6	8	2	9	7	5	3	1	4
3	9	8	5	1	2	7	4	6
2	5	6	7	8	4	1	9	3
7	4	1	6	9	3	2	5	8

180

7	5	3	6	8	9	2	1	4
9	8	1	2	5	4	7	6	3
2	6	4	3	1	7	9	5	8
8	3	9	7	6	2	5	4	1
6	1	7	5	4	8	3	2	9
5	4	2	9	3	1	8	7	6
4	2	5	8	9	6	1	3	7
1	7	8	4	2	3	6	9	5
3	9	6	1	7	5	4	8	2

Solutions 181–192

181

2	5	9	8	6	1	7	4	3
6	3	4	7	9	5	1	2	8
7	1	8	4	2	3	5	9	6
5	9	3	1	8	2	4	6	7
8	2	6	3	4	7	9	1	5
4	7	1	9	5	6	8	3	2
9	4	2	5	3	8	6	7	1
3	8	7	6	1	4	2	5	9
1	6	5	2	7	9	3	8	4

182

1	4	6	5	8	9	2	7	3
8	3	9	6	2	7	5	4	1
7	5	2	3	1	4	8	6	9
3	9	5	2	7	8	6	1	4
4	2	1	9	6	5	3	8	7
6	7	8	1	4	3	9	5	2
5	8	3	7	9	1	4	2	6
2	1	4	8	3	6	7	9	5
9	6	7	4	5	2	1	3	8

183

8	1	6	4	7	3	2	9	5
9	3	5	1	8	2	6	4	7
4	7	2	5	6	9	1	3	8
3	5	9	2	4	6	8	7	1
1	6	4	7	5	8	9	2	3
2	8	7	3	9	1	5	6	4
6	2	3	8	1	4	7	5	9
7	9	1	6	3	5	4	8	2
5	4	8	9	2	7	3	1	6

184

4	1	2	5	7	8	3	6	9
3	6	9	1	2	4	8	7	5
5	8	7	9	6	3	2	4	1
2	5	8	6	4	1	9	3	7
9	3	6	7	8	5	1	2	4
1	7	4	2	3	9	5	8	6
6	4	1	3	5	2	7	9	8
7	9	3	8	1	6	4	5	2
8	2	5	4	9	7	6	1	3

185

3	2	6	8	4	9	1	5	7
4	1	7	6	5	2	3	8	9
8	9	5	7	3	1	6	4	2
1	6	8	5	2	7	9	3	4
5	7	3	1	9	4	8	2	6
2	4	9	3	6	8	5	7	1
9	5	4	2	1	3	7	6	8
6	8	2	9	7	5	4	1	3
7	3	1	4	8	6	2	9	5

186

7	5	9	1	8	3	4	6	2
4	6	3	2	9	7	5	1	8
2	1	8	6	5	4	3	7	9
1	9	4	3	2	6	7	8	5
8	3	2	5	7	1	6	9	4
5	7	6	9	4	8	1	2	3
9	2	7	4	1	5	8	3	6
6	8	5	7	3	2	9	4	1
3	4	1	8	6	9	2	5	7

187

2	6	4	1	5	3	7	9	8
3	7	5	8	9	2	6	1	4
1	9	8	4	7	6	2	5	3
5	1	7	6	3	9	8	4	2
6	3	9	2	8	4	5	7	1
8	4	2	7	1	5	3	6	9
7	5	3	9	4	8	1	2	6
4	8	6	5	2	1	9	3	7
9	2	1	3	6	7	4	8	5

188

2	7	4	1	9	6	5	3	8
8	6	9	4	3	5	7	1	2
1	3	5	8	7	2	4	9	6
7	8	6	9	1	4	2	5	3
4	9	2	6	5	3	1	8	7
3	5	1	2	8	7	6	4	9
6	2	8	3	4	1	9	7	5
5	4	3	7	6	9	8	2	1
9	1	7	5	2	8	3	6	4

189

5	4	8	6	1	7	3	9	2
9	2	1	5	3	4	7	8	6
6	7	3	2	8	9	1	5	4
8	6	7	3	5	1	2	4	9
1	5	2	9	4	6	8	7	3
4	3	9	8	7	2	5	6	1
2	8	4	7	9	3	6	1	5
7	9	6	1	2	5	4	3	8
3	1	5	4	6	8	9	2	7

190

1	3	5	7	9	6	8	2	4
9	8	7	4	2	5	3	1	6
2	6	4	3	1	8	7	9	5
4	5	8	1	7	2	6	3	9
3	9	6	8	5	4	1	7	2
7	1	2	9	6	3	5	4	8
5	2	1	6	3	9	4	8	7
6	4	3	2	8	7	9	5	1
8	7	9	5	4	1	2	6	3

191

8	9	6	5	4	2	1	3	7
4	1	5	9	7	3	8	2	6
2	7	3	8	1	6	4	5	9
9	8	7	2	3	1	6	4	5
6	3	1	4	5	9	2	7	8
5	4	2	7	6	8	3	9	1
1	5	8	3	9	4	7	6	2
7	2	4	6	8	5	9	1	3
3	6	9	1	2	7	5	8	4

192

7	5	3	8	6	9	2	1	4
6	8	1	5	4	2	7	9	3
2	4	9	3	1	7	6	5	8
1	7	2	9	5	4	8	3	6
9	3	8	7	2	6	1	4	5
5	6	4	1	8	3	9	7	2
4	2	5	6	7	1	3	8	9
3	1	6	4	9	8	5	2	7
8	9	7	2	3	5	4	6	1

Solutions 193–201

193

2	9	8	5	7	4	3	1	6
1	6	4	3	8	2	5	9	7
7	5	3	6	9	1	8	2	4
4	2	5	8	6	7	1	3	9
6	8	1	2	3	9	7	4	5
9	3	7	4	1	5	2	6	8
8	1	2	9	5	6	4	7	3
5	7	6	1	4	3	9	8	2
3	4	9	7	2	8	6	5	1

194

6	1	2	9	3	8	7	4	5
3	9	4	2	5	7	8	1	6
7	8	5	6	4	1	3	2	9
1	6	7	4	9	5	2	3	8
4	3	9	8	7	2	6	5	1
5	2	8	3	1	6	4	9	7
8	4	3	1	6	9	5	7	2
9	7	6	5	2	4	1	8	3
2	5	1	7	8	3	9	6	4

195

7	2	6	8	3	4	1	5	9
1	5	4	9	6	7	8	2	3
3	8	9	1	5	2	7	4	6
6	4	5	2	7	3	9	8	1
8	7	1	6	9	5	2	3	4
9	3	2	4	8	1	6	7	5
5	6	8	7	4	9	3	1	2
4	1	7	3	2	6	5	9	8
2	9	3	5	1	8	4	6	7

196

8	3	5	9	2	4	1	6	7
9	7	2	1	3	6	8	4	5
4	6	1	7	8	5	2	9	3
3	2	9	4	1	7	5	8	6
1	5	4	8	6	3	9	7	2
7	8	6	2	5	9	4	3	1
2	4	8	3	7	1	6	5	9
6	9	3	5	4	2	7	1	8
5	1	7	6	9	8	3	2	4

197

9	4	1	3	2	8	5	6	7
8	6	3	1	5	7	2	9	4
7	5	2	4	9	6	1	8	3
4	8	6	7	1	5	9	3	2
1	2	7	9	3	4	8	5	6
5	3	9	6	8	2	4	7	1
3	7	5	2	4	9	6	1	8
2	1	8	5	6	3	7	4	9
6	9	4	8	7	1	3	2	5

198

2	7	6	3	5	8	9	4	1
1	8	9	2	4	6	5	7	3
4	5	3	1	9	7	8	2	6
9	6	2	7	8	1	4	3	5
3	1	8	5	2	4	7	6	9
7	4	5	9	6	3	2	1	8
8	3	1	4	7	5	6	9	2
6	2	7	8	3	9	1	5	4
5	9	4	6	1	2	3	8	7

199

2	8	6	7	9	4	1	3	5
4	9	7	3	5	1	6	2	8
3	1	5	8	2	6	9	7	4
1	6	3	9	8	2	5	4	7
8	2	4	6	7	5	3	1	9
5	7	9	1	4	3	2	8	6
7	5	2	4	3	9	8	6	1
6	3	8	5	1	7	4	9	2
9	4	1	2	6	8	7	5	3

200

8	3	1	9	7	2	5	6	4
6	5	2	4	3	8	9	1	7
9	4	7	5	6	1	2	8	3
4	7	9	2	1	6	3	5	8
3	1	8	7	4	5	6	2	9
5	2	6	8	9	3	7	4	1
2	8	4	3	5	9	1	7	6
7	6	3	1	2	4	8	9	5
1	9	5	6	8	7	4	3	2

201

6	8	1	9	5	7	3	2	4
7	3	4	6	2	8	5	1	9
2	5	9	3	4	1	7	6	8
9	2	6	7	1	4	8	3	5
1	7	5	8	3	2	4	9	6
3	4	8	5	9	6	1	7	2
4	1	7	2	6	5	9	8	3
8	9	2	4	7	3	6	5	1
5	6	3	1	8	9	2	4	7